Josefina Boquera Matarredona
Profesora Titular de Derecho Mercantil
Universidad de Valencia

La nulidad de las sociedades anónimas

LA LEY

Monterrey 1, km. 17,200. Ctra. de La Coruña. 28230 Las Rozas. Madrid
ISB: 84-7695-104-3
Depósito Legal: M-15719-1992

Printed in Spain. Impreso en España por Gráficas Muriel, S.A. C/Buhigas s/n.
Getafe (Madrid)

A la memoria de mi maestro
D. Manuel Broseta Pont

INDICE

ABREVIATURAS

AAMN: Anales de la Academia Matritense y del Notariado
Art.: Artículo
BBTC: Banca borsa e titoli di credito
BOE: Boletín Oficial del Estado
BOCG: Boletín Oficial de las Cortes Generales
C. c.: Código civil
C. com.: Código de comercio
CEE: Comunidad Económica Europea
Giur. Com.: Giurisprudenza Commerciale
Giust. civ.: Giustizia civile
Dir. Giur.: Diritto e Giurisprudenza
LEC: Ley de enjuiciamiento civil
LSA: Ley de sociedades anónimas
LSRL: Ley de sociedades de responsabilidad limitada
RDC: Rivista di diritto commerciale
RDCiv.: Rivista di diritto civile
RDF: Rivista di diritto fallimentare e delle società commerciali
RDM: Revista de Derecho Mercantil

RDN: Revista de Derecho Notarial

RDP: Revista de Derecho Privado

Rev. prat. soc.: Revue practique des sociétés

Rev. trim. droit. comm.: Revue trimestrielle de droit commerciale

RGD: Revista general de Derecho

RJC: Revista Jurídica de Cataluña

RRM: Reglamento del registro mercantil

Riv. not.: Rivista del notariato

Riv. soc.: Rivista delle società

Riv. trim. dir. e proc. civ.: Rivista trimestrale di diritto e procedura civile

PRESENTACION

El profesor SÁNCHEZ CALERO, en la breve e interesante intervención que sobre «La sociedad nula» tuvo en las Jornadas celebradas en Albacete sobre la fundación de «La sociedad anónima», dijo que la nulidad de las sociedades anónimas era un tema de laboratorio. En el mismo trabajo cita dos sentencias del Tribunal Supremo, dictadas en los últimos seis años, sobre nulidad de la sociedad anónima y recientemente un Juez de Oviedo, por una cuestión de nulidad de una sociedad anónima, instó la sentencia del Tribunal de Justicia de la CEE, de 13 de noviembre de 1990, asunto «Marleasing, S. A.». Casos judiciales sobre la nulidad de las sociedades existen, aunque son pocos. Pero además en los laboratorios a veces se descubren métodos y productos de gran importancia práctica.

La sola existencia de la legislación reguladora de la nulidad suscita cuestiones muy interesantes. Por ejemplo, la sociedad que quiere crear una filial al cien por cien necesita fiduciarios para alcanzar la pluralidad de dos socios y evitar la causa de nulidad prevista en el art. 34.1.d) de la LSA.

De otro lado, el estudio de la nulidad de las sociedades anónimas tiene el interés y la dificultad de descansar sobre categorías jurídicas de larga historia y serias dificultades de configuración y terminológicas, como son las de inexistencia, nulidad y anulabilidad de los actos o negocios jurídicos.

Tratamos de precisar en el libro qué entendemos por estas categorías para desde ellas analizar la regulación que la LSA de 22 de diciembre de 1989 contiene de la nulidad de esta clase de sociedades. En el Código de comercio y en la Ley de Sociedades Anónimas de 1951 no existían normas sobre la nulidad de la sociedad anónima, por lo que resultaba necesario aplicarles, aunque con algunas modificaciones, las normas generales sobre la nulidad de los contratos. La aplicación del art. 1303 del C.c. a las sociedades anónimas tenía graves consecuencias.

La Primera Directiva del Consejo de la CEE de 9 de marzo de 1968 sobre sociedades tiene la pretensión de unificar la regulación de la nulidad de las sociedades anónimas en todos los Estados miembros de la Comunidad.

Los autores de la Directiva saben que la nulidad tiene consecuencias *ex tunc,* pero limitan lo que denominan, inexactamente, «el efecto retroactivo de la declaración de nulidad». La nulidad no tendrá todas las consecuencias que conceptualmente se les atribuyen. De otro lado, la Directiva, inspirada en el Derecho alemán, impone a los legisladores nacionales que regulen como causas de nulidad de la sociedad supuestos que, teóricamente, son de inexistencia (por ejemplo, la falta de capacidad de todos los socios) y de anulabilidad (como la falta de expresión de las aportaciones de los socios). De ella resulta, pues, un régimen de nulidad muy peculiar cuyas consecuencias conviene estudiar.

Esta presentación no puede, ni quiere, sustituir el prólogo que el Profesor D. Manuel Broseta Pont hubiera escrito a este libro. Su propósito principal, casi único, es proporcionarme el lugar en el que recordarle con todo cariño y agradecerle las muchas atenciones que tuvo conmigo. Dios se las recompensará.

I. INTRODUCCION

La nulidad de las sociedades anónimas es un tema de actualidad en nuestro país pues, como es sabido, recientemente se ha aprobado la Ley que reforma nuestro Derecho de sociedades adecuándolo al Derecho Comunitario que introduce una norma reguladora de esta cuestión. Hasta hoy faltaba una regulación propia de los supuestos de nulidad de la sociedad anónima y se aplicaban, con ciertas modificaciones, las reglas sobre las causas de nulidad de los contratos.

Teniendo presente las dos circunstancias mencionadas nos hemos decidido a estudiar la nulidad de las sociedades anónimas.

Hemos elaborado este estudio a partir de la Primera Directiva de la Comunidad Económica Europea sobre sociedades mercantiles puesto que, como veremos, la Ley española copia casi literalmente dicha norma.

La delimitación o distinción del concepto de nulidad de los de inexistencia, ineficacia, invalidez y anulabilidad del acto o negocio jurídico presenta muchas dificultades en casi todas las ramas del Derecho. La confusión terminológica no ha sido remediada por el legislador que, en numerosas ocasiones, utiliza inadecuadamente los términos citados. Con el solo fin de precisar el punto de partida de nuestro estudio, creemos necesario señalar cuál es el concepto de nulidad del acto jurídico en el Derecho español. Ello nos permitirá, posteriormente, dilucidar qué entiende por nulidad de la sociedad anónima la Ley de sociedades anónimas de 22 de diciembre de 1989 (1).

(1) Real Decreto Legislativo 1564/1989, de 22 de diciembre, por el que se aprueba el texto refundido de la Ley de sociedades anónimas (*BOE* núm. 310, de 27 de diciembre de 1989).

II. LA NULIDAD DE LOS ACTOS JURIDICOS

1. Concepto y clases de nulidad

La Sentencia del Tribunal Constitucional de 20 de febrero de 1989 ha dicho «que la categoría de la nulidad no tiene el mismo contenido en los distintos sectores del ordenamiento». Indica con esta frase que cada sector del ordenamiento jurídico establece las consecuencias de la declaración de nulidad del acto jurídico. La calificación de un acto como nulo sólo adquiere sentido en relación con una norma del ordenamiento jurídico sobre las consecuencias de la nulidad.

«Nulidad», dice el Diccionario de la Lengua Española, «calidad de nulo». «Nulo. Falto de valor y fuerza para obligar o tener efecto, por ser contrario a las leyes o por carecer de las solemnidades que se requieren en la substancia o en el modo». La nulidad significa, pues, falta de valor, fuerza o efecto jurídico. Para el Diccionario las causas de la nulidad son dos: contrariar a las leyes o carecer de las solemnidades que se requieren en la substancia o en el modo (2).

La definición de la nulidad del Diccionario de la Lengua Española, aunque es jurídica, resulta insuficiente para la Cien-

---

(2) Las leyes imponen a los negocios jurídicos «las solemnidades» que requieren en la substancia o en el modo. Carecer de estas solemnidades constituye, en el mundo jurídico, una infracción o contradicción de las leyes.

cia del Derecho por dos motivos. Primero, porque la Ley puede disponer que un acto sea nulo sin existir ninguna de las dos causas que en aquélla figuran. Segundo, porque la definición del Diccionario no dice desde cuándo el acto nulo carece de valor o efecto jurídico. Permite pensar que los actos jurídicos no tienen valor desde que contradicen las leyes o desde que carecen de sus solemnidades esenciales, pero como una cosa u otra deben apreciarse y declararse por sujeto competente, surge la duda sobre si el acto pierde su eficacia desde que contradijo a la Ley o faltan sus requisitos esenciales, o a partir de la declaración de su ilegalidad o de que faltan sus elementos esenciales.

El Ordenamiento jurídico necesita completar lo que dice el Diccionario de la Lengua. A veces lo hace de manera muy clara. Existe un ejemplo paradigmático. La Real declaración de Fernando VII de 4 de mayo de 1814 sobre la Constitución y los Decretos de 1812. Dispuso que fueran «nulos y de ningún valor ni efecto, ahora ni en tiempo alguno, como si no hubiesen pasado jamás tales actos, y se quitasen del medio del tiempo...». Habitualmente las Leyes no suelen ser tan explícitas y utilizan fórmulas breves acuñadas por la doctrina. Expresan la misma idea o deseo de Fernando VII, el de borrar el acto de la vida jurídica, con los términos «nulidad radical», «nulidad absoluta», «nulidad de pleno derecho», «nulidad *ex tunc*», «nulidad inicial»... Con estas expresiones disponen o mandan que el acto sea considerado como si no hubiese existido jamás.

El término «nulidad», sin ningún aditamento, aplicado al acto puede significar, por contraposición a las expresiones anteriores, desaparición de sus efectos desde que el acto es declarado nulo. Sin embargo, para expresar esta idea y quizá también para evitar equívocos, se utiliza el término «anulación» y también las fórmulas «nulidad relativa» y «nulidad *ex nunc*».

La nulidad es el género y de ella son especies la nulidad absoluta y la nulidad relativa, o la nulidad *ex tunc* y la nulidad *ex nunc*... Las primeras expresiones significan nulidad total en el tiempo y las segundas nulidad temporal.

«Anulación» tampoco es palabra jurídicamente precisa. El Diccionario de la Lengua dice: «Anulación, acción y efecto de anular o anularse». «Anular. Dar por nulo o dejar sin fuerza un precepto, testamento, tratado, contrato, etc.». Por sí solo el término «anulación» no expresa desde cuándo lo anulado pierde su fuerza o efecto.

Los términos «nulidad» y «anulabilidad» necesitan ser acompañados por otros que precisen el momento a partir del cual desaparecen los efectos del acto jurídico nulo o anulado. A veces de este modo adquiere sentido uno de ellos y el otro lo consigue por relación con él. Por ejemplo, si una Ley utiliza en unos preceptos las expresiones «nulidad absoluta» o «nulidad de pleno derecho» y en otro sólo el término «anulación» puede pensarse que éste indica nulidad relativa o *ex nunc.*

Hay ineficacia, indica GIRÓN TENA (3), cuando el negocio es válido pero le faltan complementos para que despliegue sus efectos. Esta ineficacia deriva de previsiones del Ordenamiento jurídico. La ineficacia del acto inexistente o nulo es natural o lógica; no es necesario que la prevea el Ordenamiento jurídico. Otros supuestos de ineficacia son consecuencia de previsiones del Ordenamiento (4).

La declaración de nulidad de pleno derecho significa e indica que la ineficacia del acto es inicial y total. La declaración de nulidad relativa o anulabilidad indica que la ineficacia no es inicial, ni absoluta.

2. La nulidad de los actos jurídicos en los distintos sectores del Ordenamiento jurídico

Los dos grandes sectores del Ordenamiento jurídico son, como es sabido, el privado y el público. Para el primero la regla general sobre la nulidad de los actos jurídicos la

(3) *Derecho de sociedades,* Madrid, 1976, p. 257 (n.º 62).

(4) DÍEZ-PICAZO, L. *(Fundamentos de Derecho civil patrimonial,* Ed. Tecnos, Madrid, 1988, 2.ª ed., vol. I, p. 295) dice que la ineficacia es la falta de producción de las consecuencias que normalmente deberían haberse producido y que pueden ser razonablemente esperadas en virtud de la celebración del contrato.

establece el artículo 6.3 del Código civil. Para el segundo, el artículo 48.1, en relación con el artículo 47, de la Ley de Procedimiento Administrativo.

El artículo 6.3 del Código civil dispone que «los actos contrarios a las normas imperativas y a las prohibitivas son nulos de pleno derecho, salvo que en ellas se establezca un efecto distinto para el caso de contravención».

El Código civil utiliza la expresión «nulos de pleno derecho», construida por la doctrina, para ordenar que cuando un acto sea contrario a las normas imperativas y prohibitivas desaparezca *ex tunc,* totalmente, del mundo del Derecho, pues de este modo entiende la doctrina la «nulidad de pleno derecho». Pero reconoce que las propias normas imperativas o prohibitivas pueden decidir que los efectos de los actos que las contradicen no desaparezcan totalmente e incluso que no desaparezcan; que dejen de producir efectos a partir del momento que en ellas se indique, pero que se mantengan los producidos con anterioridad, o bien que la ilegalidad no repercuta sobre su eficacia.

El artículo 48.1 de la Ley de Procedimiento administrativo dispone que «son anulables... los actos de la Administración que incurran en cualquier infracción del ordenamiento jurídico...». Antes, en el artículo 47.1, dispone que «los actos de la Administración son nulos de pleno derecho en los casos» que enumera. En este precepto la expresión «nulos de pleno derecho» también tiene el significado, dado por la doctrina, de desaparición *ex tunc,* radical, del acto declarado nulo de pleno derecho. Los actos administrativos contrarios a las normas imperativas y a las prohibitivas son, pues, anulables, pero el artículo 47.1 de la Ley de Procedimiento establece salvedades a dicha regla. La anulación en el precepto primeramente citado significa nulidad temporal, parcial, a partir del momento de su declaración, porque el artículo 47.1, al emplear la expresión «nulidad de pleno derecho», lo indica así por contraste (5).

---

(5) García de Enterría, E., y Fernández, T. R., *Curso de Derecho Administrativo,* Ed. Civitas, Madrid, 1983, T. I, pp. 565 y ss.

En el Derecho privado español el acto jurídico ilegal es nulo de pleno derecho, salvo que las normas dispongan otra cosa. En el Derecho público español, el acto jurídico administrativo ilegal es anulable, salvo los casos en que las normas disponen otra cosa. El Legislador, por razones que ahora no es necesario averiguar y exponer, no prevé la misma consecuencia para el acto privado que infringe el Ordenamiento jurídico que para el acto administrativo ilegal.

Cuando coinciden algunos de los elementos esenciales o constitutivos del acto jurídico, pero faltan otros o alguno de ellos (6), no existe acto jurídico, pero sí una apariencia del mismo (7). El acto aparente, pero realmente inexistente, produce consecuencias jurídicas (8). Sin embargo, cuando se descubre que lo que parece un acto jurídico no lo es, deben desaparecer *ex tunc,* absolutamente, sus consecuencias jurídicas. La desaparición desde su inicio de los efectos jurídicos producidos por la apariencia de acto, requiere la declaración por quien sea competente de la inexistencia del acto. No es necesario que la consecuencia de la inexistencia del acto jurídico esté prevista por preceptos legales y no suele estarlo (9). Los citados artículos del Código civil y

---

(6) Para De Castro, F. (*El negocio jurídico,* Ed. Civitas, Madrid, 1985, p. 462), estamos ante un supuesto de inexistencia cuando «la falta de requisitos positivos impide hasta la apariencia del negocio». Pero si no existe una apariencia de acto o de negocio jurídico no se suscita ningún problema jurídico.

(7) Siempre que faltan de manera total y absoluta los elementos lógicos necesarios para la realización del acto jurídico, como indica Díez-Picazo, L. (*Fundamentos,* cit., p. 299), éste, en cuanto tal, no existe, pero este supuesto límite de inexistencia no tiene ningún interés, pues al no haber ni rastro del acto jurídico no origina ninguna consecuencia jurídica.

(8) Galgano, F. («Il negozio giuridico», in *Trattato di diritto civile e commerciale,* Ed. Giuffrè, Milano, 1988, p. 240) afirma que la importancia de la distinción entre nulidad e inexistencia está en que el contrato o acto inexistente no produce ni siquiera aquellos limitados efectos que el contrato o acto nulo produce. Para este autor la inexistencia también es falta de los elementos indispensables para la formación del acto jurídico, pero sin llegar a la falta absoluta de ellos, pues dice que es inexistente el contrato al que le falta el mínimo esencial que permita hablar de un cierto acontecimiento como de un contrato.

(9) «Las nociones de inexistencia y nulidad se distinguen —dice Galgano, ob. cit., p. 240— por la distinta fuente de la cual derivan que es la Ley positiva para la nulidad y el orden natural de las cosas para la inexistencia». Pero coinciden en la consecuencia de una y otra: la desaparición *ex tunc* de las consecuencias jurídicas del acto declarado inexistente o nulo.

de la Ley de Procedimiento administrativo se refieren a actos jurídicos. Nada dicen estas leyes con respecto a las apariencias de actos jurídicos o actos jurídicos inexistentes, pero la desaparición *ex tunc* de sus efectos jurídicos responde, como ya hemos dicho, a la lógica.

Ocurre que, a veces, las Leyes contienen una relación de supuestos de nulidad de pleno derecho y en ella figuran no sólo casos de actos jurídicos ilegales sino también de actos jurídicos inexistentes. La apariencia de acto se considera acto. Esto es inexacto, pero la aplicación de los preceptos legales con esta inexactitud no suele suscitar problemas porque la consecuencia natural de la inexistencia del acto coincide con la consecuencia legal querida para los actos ilegales.

En nuestro Derecho privado el acto contrario a las normas imperativas y prohibitivas es tratado, como regla general, del mismo modo que el acto inexistente. Algunas excepciones a esta regla responden al propósito de no perjudicar a terceros.

Cuando un texto legal dispone que un acto o actos sean nulos, lo serán cualquiera que sea el vicio que padezcan. Los efectos de los actos aparentes o inexistentes también son nulos de pleno derecho por la naturaleza de las cosas, pues las consecuencias de los actos jurídicos inexistentes serán borradas de la vida jurídica desde su mismo comienzo, totalmente, *ex tunc*. En beneficio de la seguridad jurídica, una antigua regla dice que no hay nulidad sin norma que expresamente la establezca. En los supuestos de inexistencia esto no será necesario, aunque puede ser conveniente para evitar dificultades interpretativas. No será, pues, necesario que las Leyes enumeren como casos de nulidad de pleno derecho los supuestos de actos inexistentes, pues la nulidad de los efectos de los actos inexistentes es siempre de pleno derecho. En ocasiones el Derecho, en beneficio de terceros, reconoce la existencia y persistencia de efectos jurídicos nacidos de actos inexistentes. El ejemplo quizá más característico nos lo ofrece la legislación sobre el matrimonio católico. Declarada judicialmente la inexistencia del matrimonio canónico del que han nacido hijos éstos se consideran hijos legítimos y no hijos naturales. El reconocimiento de efectos derivados de actos inexistentes constituye excepción legal a lo que puede considerarse una consecuencia de la inexistencia.

Los actos jurídicos calificados por las leyes solamente de nulos sin añadir «de pleno derecho», lo serán con efectos *ex tunc* si son contrarios a normas imperativas o prohibitivas. Cuando no sean contrarios a este tipo de normas la nulidad tendrá efectos *ex nunc*.

La nulidad de pleno derecho del acto por contravenir normas imperativas o prohibitivas puede ser inicial o sobrevenida. Inicial cuando al nacer el acto existe una norma a la que contraviene. Sobrevenida cuando se dicta una nueva norma que modifica o se añade a las existentes y los efectos del acto, que se desarrollan en el tiempo, la contradicen.

III. LA NULIDAD DE LAS SOCIEDADES ANONIMAS

1. La nulidad del acto constitutivo de la sociedad anónima

Cuando se emplea la expresión «nulidad de las sociedades anónimas» se quiere indicar la nulidad de su acto o negocio constitutivo.

La expresión nulidad de la sociedad anónima adolece de falta de propiedad, pues la nulidad afecta a los actos no a las personas (10). La nulidad es la consecuencia de un vicio del acto, no del sujeto (11). La utilización de la expresión «nulidad de la sociedad», según MACCARONE (12), responde a que las causas de nulidad recogidas en los textos legales se refieren no sólo a vicios del acto constitutivo de

---

(10) Véase BOCCHINI, E., *I vizi della costituzione e la nullita delle società per azioni,* Ed. Dott. Eugenio Jovene, Napoli, 1974, p. 104.

(11) En este sentido se manifiesta BORGIOLI, A. (*La nullità della società per azioni,* Ed. Giuffrè, Milano, 1977, pp. 223 y 224) al afirmar que la nulidad se refiere a actos jurídicos y a documentos, por lo que no es apropiado hablar de sociedad nula. El sujeto existe o no existe. Añade el citado autor que con esta expresión no se tiene en cuenta la lógica formal, sino que se realiza una valoración jurídica. En España, EIZAGUIRRE, J.M. («La sociedad nula», en *La Reforma del Derecho Español de sociedades de capital*, Ed. Civitas, Madrid, 1987, p. 285), también mantiene que la nulidad se predica de los actos, no de los sujetos.

(12) «Nullità, amministrazione e pubblicità nel sistema delle nuove norme sulla società di capitali», *BBTC,* 1971, p. 106.

la sociedad sino también a vicios en el procedimiento de formación de la sociedad. Pero éstos también los recoge y refleja el acto constitutivo de la sociedad (13). Sánchez Calero (14) dice con exactitud que la nulidad regulada en nuestro Derecho «incide directamente en el acto constitutivo de la sociedad y sólo de forma mediata en la sociedad».

Las sociedades anónimas adoptan acuerdos que pueden ser nulos. Pero la doctrina y la jurisprudencia al referirse a la nulidad de estos acuerdos emplea expresiones muy diferentes a la de nulidad de la sociedad. Esto es perfectamente lógico, porque una cosa es la nulidad de la persona jurídica autora del acto y otra la nulidad del acto que la persona jurídica adopte.

El acto constitutivo de una sociedad anónima puede, desde el mismo momento de su adopción, tener un vicio que lo haga nulo de pleno derecho o anulable. El acto nace en contra de la legalidad. Pero también puede posteriormente incurrir en un vicio de nulidad de pleno derecho o anulabilidad por la modificación del Derecho.

El acto constitutivo de una sociedad puede ser aparente y ésta será inexistente (inexistencia inicial). Pero la sociedad después de existir durante algún tiempo, puede perder un elemento esencial. En este supuesto los efectos jurídicos creados por la sociedad desaparecerán desde el momento en que perdió el elemento constitutivo, salvo que el Ordenamiento jurídico disponga que se conserve o conserven algunos de sus efectos. Pero en el Derecho positivo español la pérdida de un elemento esencial de la sociedad no provoca su inexistencia, sino la apertura del procedimiento para su disolución. Podría decirse que en nuestro Derecho las causas de inexistencia sobrevenida de la sociedad son más bien causas para una posible extinción de la sociedad.

---

(13) Por el contrario, Ferri, G. (*Manuale di diritto commerciale,* Ed. UTET, Torino, 4.ª ed., p. 324), dice que la expresión «nulidad de la sociedad» no puede ser considerada equivalente a nulidad de su acto constitutivo y, por tanto, en relación a las singulares hipótesis de invalidez de aquélla deberán ser aplicados los principios que le son propios.

(14) «La sociedad nula», en *Derecho de sociedades anónimas, I, Fundación,* Ed. Civitas, Madrid, 1991, p. 1012.

2. La nulidad de las sociedades anónimas en la doctrina española

La doctrina mercantil ha formulado criterios generales o principios teóricos sobre la nulidad de las sociedades. Formulaciones que, naturalmente, no son ajenas a la regulación jurídico positiva de aquélla, pero muchas veces no se limitan a describirla, sino que la aprecian críticamente y proponen su reforma.

GIRÓN TENA (15) afirma que existe nulidad de la sociedad «cuando se dejan de tratar en el contrato elementos esenciales configuradores del tipo concreto de sociedad que se intenta fundar, al manifestarse la voluntad electiva del tipo, o cuando el contenido de dicha voluntad es contrario a los preceptos sobre esos elementos esenciales». Para este autor la nulidad comprende tanto la inexistencia de la sociedad como su nulidad propiamente dicha. Sin embargo, puede distinguirse entre la inexistencia y la nulidad de la sociedad. El Ordenamiento jurídico puede distinguir entre vicio grave con nulidad absoluta y menos grave con sanción de nulidad relativa o anulabilidad.

Las causas de nulidad, según GARRIGUES (16), son de dos tipos: las causas civiles de nulidad de la sociedad anónima y las causas de nulidad fundadas en la inobservancia de los preceptos mercantiles sobre la constitución de la sociedad anónima.

Con respecto al primer grupo de causas de nulidad, es decir, de la nulidad por motivos que afectan al contrato, GARRIGUES (17) afirma que no es posible equiparar el acto fundacional de una sociedad anónima a un contrato cualquiera. Por ello mantiene que, «al contrario de lo que ocurre en el resto de los contratos, la anulación de una declaración de voluntad en el contrato de sociedad anónima no debe

(15) Ob. cit., p. 256.

(16) *Comentarios a la Ley de Sociedades Anónimas,* Madrid, 1976, T. I, pp. 176 y 177.

(17) *Comentarios*, cit., p. 181.

afectar a la subsistencia de éste ni consiguientemente a la vida de la sociedad» (18). Resulta atentatorio a la seguridad del tráfico jurídico, concluye en sus *Comentarios a la Ley de Sociedades Anónimas* (19), someter las declaraciones de voluntad paralelas a las mismas causas de nulidad por vicios del consentimiento propios de los restantes contratos. Pero en su *Curso de Derecho mercantil* suaviza esta conclusión, pues dice que «la aplicación analógica (a las sociedades anónimas) de las normas generales sobre la nulidad de los contratos será arriesgada y un tanto arbitraria».

GARRIGUES intenta situar el problema de la nulidad del acto constitutivo de las sociedades mercantiles al margen de la teoría de la nulidad de los contratos. Su punto de partida es congruente con su tesis sobre la naturaleza de dichas sociedades, pero no lo desarrolla quizá porque no se encontró con las exigencias legales que hoy tenemos.

Otros autores estudian los casos de nulidad de la sociedad o sólo algunos de ellos y en relación con éstos exponen apreciaciones generales. Pero de esto nos ocuparemos después.

3. La nulidad de las sociedades anónimas según el Código de comercio y el Código civil españoles

El Código de comercio no regula la nulidad de las sociedades anónimas, pero regula el supuesto de las sociedades que incumplen los requisitos legales de forma y publicidad, es decir, las sociedades irregulares (artículos 117, 119 y 120 el C. com.) (20). El artículo 13.1 del Código civil establece que «las disposiciones de este título preliminar, en cuanto determinan los efectos de las leyes y las reglas generales

(18) Téngase presente que el contrato social es un contrato especialísimo que no se basa en la coincidencia de dos o más voluntades, sino que se fundamenta en un conjunto de declaraciones de voluntad paralelas dirigida a la creación de una persona jurídica distinta de los socios.

(19) Cit., p. 181.

(20) En relación con estas sociedades estudió GARRIGUES la nulidad de la sociedad. La Ley de Sociedades Anónimas de 1951 sólo regulaba la nulidad y anulabilidad de los acuerdos de la Junta General (artículos 67 y ss. LSA).

para su aplicación..., tendrán aplicación general y directa en toda España». Su artículo 4.3 dice que «las disposiciones de este Código se aplicarán como supletorias en las materias regidas por otras leyes». En consecuencia, desde que entró en vigor el Texto articulado del título preliminar del Código civil de 31 de mayo de 1974, su artículo 6.3 sobre la nulidad de pleno derecho de los actos contrarios a las normas imperativas y prohibitivas era de aplicación a todas las sociedades anónimas españolas, hasta que entraron en vigor las normas que después analizaremos. El acto constitutivo de una sociedad anónima contrario a normas imperativas y prohibitivas era nulo de pleno derecho, salvo que las Leyes establecieran un efecto distinto. La apariencia de acto constitutivo de una sociedad anónima daba lugar a una sociedad que cuando se declaraba nula lo era con efectos *ex tunc,* salvo que las Leyes dispusieran otra cosa.

Sin embargo, antes y después de la reforma del Título preliminar del Código civil, se ha acudido a las normas civiles sobre la nulidad de los contratos para resolver los problemas suscitados por la posible nulidad del acto constitutivo de las sociedades anónimas (21, 22).

4. La nulidad de las sociedades anónimas en la Primera Directiva del Consejo de la CEE sobre sociedades mercantiles, de 9 de marzo de 1968 (68/151/CEE)

La Primera Directiva del Consejo de la CEE de 9 de marzo de 1968 se dictó para proteger los intereses de los socios de las sociedades con fin lucrativo y de terceros, pero en su segundo considerando dijo «que la coordinación de las disposiciones relativas a... la nulidad» de las sociedades «reviste una importancia especial, en particular con miras

---

(21) Arts. 1300 a 1314 del Código civil.

(22) Véanse, entre otros, ALBADALEJO, M., *Derecho civil,* Barcelona, 1970, T. I, p. 641; DE LOS MOZOS, J. L., «La inexistencia del negocio jurídico», *RGLJ,* 1960, pp. 643 y ss., y ESPÍN CÁNOVAS, D., «La nulidad en el Derecho civil», en *Estudios homenaje a Royo Villanova,* Madrid, 1977, pp. 231 y ss.

a asegurar la protección de los intereses de terceros», porque estas sociedades, añade el tercer considerando, «solamente ofrecen como garantía ante terceros el patrimonio social». El último considerando manifiesta que el propósito de la Directiva es «limitar los casos de nulidad, así como el efecto retroactivo de la declaración de nulidad y fijar un plazo breve para la oposición de terceros a esta declaración» «con el fin de garantizar la seguridad jurídica en las relaciones entre la sociedad y los terceros, así como entre los socios».

El artículo 11, párrafo primero, 2, de la Directiva, enumera «los únicos casos en que podrá declararse la nulidad» y su último párrafo añade que, «aparte de estos casos de nulidad, las sociedades no estarán sometidas a ninguna causa de inexistencia, de nulidad absoluta, de nulidad relativa o de anulabilidad» (23). La Directiva pretende con esta última declaración eliminar la posible influencia sobre su regulación de las diferencias que en la legislación, jurisprudencia y doctrina de los Estados miembros de la CEE existen sobre el significado y las consecuencias de la inexistencia, la nulidad absoluta, la nulidad relativa, la anulabilidad y la nulidad (24). Lo que ella califica de casos de nulidad de las sociedades no podrán considerarse, con trascendencia jurídica, supuestos

(23) La Directiva establece, señala Simonetto, E. («La nuova stesura dell'art. 2332 e la società di capitali irregolare», *RDCiv,* 1974, II, p. 337), los límites inderogables y perentorios de la nulidad.

En Italia no se ha reproducido el último párrafo del art. 11 de la Directiva. Pero la doctrina (Bocchini, E., *I. vizi,* cit., pp. 85 a 90, y Borgioli, A., *La nullità,* cit., p. 358) opina que el Derecho Comunitario constituye un vínculo para el intérprete. El Derecho Nacional debe respetar la *ratio* de la Directiva. Una ampliación del radio de acción de lo dispuesto por el art. 2332 del C.c. constituiría una violación del fin de la Directiva. Debe hacerse una interpretación restrictiva de las causas de nulidad porque se debe tender a la conservación de la sociedad.

(24) Bocchini, E. (*I vizi,* cit., pp. 85 y 86 e «Il problema della tassatività delle cause di nullità nella società per azioni», *Riv. soc.,* 1975, p. 131) afirma que en la Directiva que analizamos se mezclan hipótesis de nulidad verdadera y propia, hipótesis de anulabilidad (incapacidad de los socios fundadores) e incluso hipótesis de inexistencia (falta de acto constitutivo), añadiéndose a estos vicios del acto constitutivo algunos vicios del procedimiento de homologación (falta de desembolso de los 3/10 del capital o inobservancia de las disposiciones relativas a la homologación) y todo ello sometido a la misma regulación prevista originariamente para la nulidad del acto constitutivo de la sociedad.

de inexistencia, nulidad absoluta, nulidad relativa o anulabilidad, aunque realmente lo sean, sino que jurídicamente todos son casos de nulidad con las consecuencias que para los mismos establece (25). Los vicios que la Directiva describe son los únicos que pueden afectar a la pervivencia de la sociedad. Prohíbe que se tomen en cuenta otros defectos para decidir sobre la existencia o no de la sociedad. En realidad, no limita los casos de nulidad de las sociedades, sino que resume todas las causas que pueden incidir sobre su existencia y eficacia. Se trata de una enumeración taxativa máxima de las causas de nulidad, pues las legislaciones de los Estados miembros de la CEE pueden reducir su número, pero no aumentarlo (26).

---

(25) Según MARMO, L. G. («I poteri del tribunale in sede di omologazione degli atti delle società commerciale», *RDC,* 1974, I, p. 160) y MILONE, L. («La revoca dell'omollogazione dell'atto costitutivo di società», *RDF,* 1985, I, p. 226) la misma norma comprende hipótesis de nulidad negocial, vicios de anulabilidad y vicios del procedimiento constitutivo extraños al momento negocial, y los sujeta a un único e indiferenciado régimen jurídico.

(26) La legislación italiana recoge ocho causas de nulidad, la ley alemana tres, el Derecho belga y el Derecho luxemburgués seis, el Derecho portugués cinco y la ley española cuatro.

El Derecho italiano establece que la nulidad puede ser pronunciada por: 1) falta del acto constitutivo; 2) falta de estipulación del acto constitutivo en forma de acto público; 3) inobservancia de las disposiciones del art. 2330 (publicación del acto constitutivo) relativas al control preventivo; 4) ilicitud o contrariedad al orden público del objeto social; 5) falta en el acto constitutivo o en el Estatuto de toda indicación referente a la denominación de la sociedad, las aportaciones, el montante del capital suscrito o el objeto social; 6) inobservancia de las disposiciones del art. 2329.2 (desembolso de las aportaciones); 7) incapacidad de todos los socios fundadores; 8) falta de la pluralidad de fundadores.

El Derecho alemán enumera como causas de nulidad: que el acto constitutivo no tenga indicación alguna sobre la cifra de capital; o sobre el objeto social; que sean nulas las indicaciones del acto constitutivo relativas al objeto social.

El Derecho belga y el Derecho luxemburgués regulan como causas de nulidad las siguientes: 1. El acto constitutivo que no se ha establecido en la forma auténtica. 2. El acto que no contiene ninguna indicación sobre la denominación de la sociedad, el objeto social, las aportaciones o el montante del capital suscrito. 3. Cuando el objeto social es ilícito o contrario al orden público. 4. Cuando la sociedad no comprende al menos dos fundadores válidamente concertados.

El Derecho portugués considera causas de nulidad las siguientes: a) Falta como mínimo de dos socios fundadores, salvo que la Ley permita la constitución de sociedades con una sola persona. b) Falta de mención de la firma, de la sede social, así como del valor de la aportación de algún socio. c) Mención de un objeto ilícito o contrario al orden público. d) Falta de cumplimiento de los preceptos legales que exigen el desembolso mínimo del capital social. e) No haber sido elevado a escritura pública el contrato de sociedad.

Pese a las declaraciones de la Directiva sobre su propósito, los autores disienten sobre cuál es su verdadera finalidad (27). Algunos autores (28) sostienen que el principio de enumeración taxativa de las causas de nulidad de la sociedad anónima tiene por fin tutelar los intereses de los terceros. La justificación de la nueva norma está en mantener la estabilidad de los contratos celebrados por la sociedad antes de la declaración de nulidad. GOLDMAN y LYON-CAEN (29) señalan que, en la mayor parte de los casos, la limitación de las causas de nulidad garantiza a los terceros el mantenimiento de la persona jurídica o, al menos, de los compromisos adquiridos respecto a ellos. Pero también protege a los socios que tengan interés en mantener y conseguir la evolución jurídica y financiera

---

El Derecho francés al adaptar a la normativa comunitaria el régimen de nulidad de las sociedades anónimas no ha seguido la técnica de la enumeración de las causas de nulidad.

El legislador francés, como señala GOLDMAN, B. («La nullité des sociétes à responsabilité limitèe et des sociétes par actions en droit français après la directive du 9 mars 1968», *Quo vadis uns societatum?, Liber amicorum P. Sanders S.*, Gravenhaage, 1972, p. 61), no parece que suprima las nulidades que resultan del derecho común referente a las condiciones de validez de los contratos. No limita rigurosamente las causas de nulidad, pues el art. 360 de la Ley n.º 66/537, de 24-7-1966, sobre sociedades mercantiles habla de nulidad derivada de una disposición expresa de la presente ley o de las que regulan la nulidad de los contratos. Esto puede suponer una violación del principio de taxatividad introducido por la Directiva. La Ordenanza francesa n.º 69/1176, de 20-12-1969, introduce como causa de nulidad la incapacidad de todos los socios fundadores y elimina los casos de nulidad que pudieran resultar de vicios del consentimiento o de causas leoninas.

En Holanda, Dinamarca, Gran Bretaña e Irlanda no se regulan causas de nulidad. Para estos países, la sociedad anónima queda debidamente constituida después del registro y la obtención del certificado de inscripción del acto constitutivo de la sociedad.

(27) Puede verse VAN OMMESLAGHE, P., «La première directive du Conseil du 9 mars 1968 en matière de sociétés», *Cahiers de Droit Européen,* 1969, pp. 653 y ss.; BOCCHINI, E., *I vizi,* cit., p. 66, y SIMONETTO, E., «Ritocchi alla normativa delle società contenuti nel decreto presidenziale de 29-12-1969, n.º 1127», *RDCiv,* 1970, pp. 148 a 152.

(28) Véanse, entre otros, FORMIGGINI, A., *I vizi del consenso del contratto di società*, Ed. Giuffrè, Milano, 1952, p. 43; GRAZIANI, A., *Diritto delle società*, Ed. Giuffrè, Milano, 1962, 5.ª ed., p. 153, y DE GREGORIO, A., *Corso di diritto commerciale* (Imprenditore e società), Ed. Dante Alighieri, Roma-Napoli-Città di Castello, 1973, 3.ª reimpresión de la 7.ª ed., p. 239.

(29) *Derecho Comercial Europeo,* Madrid, 1984, p. 167.

de la sociedad y a quienes su desaparición causaría generalmente un perjuicio (30).

Otro sector doctrinal (31) mantiene que lo que pretende la norma es la conservación de la sociedad como instrumento u organismo productivo que debe ser salvaguardado. Además los terceros están suficientemente protegidos con la disciplina de los efectos de la declaración de nulidad, es decir, con el principio de irretroactividad de la declaración de nulidad (32) y la responsabilidad patrimonial de la sociedad. GALGANO (33) afirma que no son los terceros que entran en relación con la sociedad los beneficiarios últimos de las disposiciones impuestas por la Directiva. No se comprende que ésta haya querido proteger a los terceros cuando entran en relación con una sociedad anónima y no estén protegidos cuando entran en relación con un empresario individual, una sociedad personalista o una sociedad cooperativa. Además, dice este autor, no tiene ningún sentido proteger a los terceros en algunos casos y no protegerlos en otros; proteger al tercero que adquiere derechos de una sociedad nula, y no proteger al tercero que adquiere derechos por cualquier otro contrato nulo. Está claro, dice GALGANO (34), que esta norma protege a la sociedad o a las clases empresariales que normalmente operan con las fórmulas jurídicas de la sociedad anónima con la cual pueden multiplicar los negocios y lograr aumentar el valor del capital.

---

(30) Téngase en cuenta que los intereses de los socios pueden no ser coincidentes. Unos pueden desear que continúe la sociedad y otros que la sociedad sea declarada nula.

(31) Véanse, entre otros, ARENA, A., «Contributo allo studio dell'invalidità del contratto sociale e della sopravivenza della società», *Riv. soc.*, 1970, 286; GALGANO, F., «Il negozio giuridico», cit., p. 265, y «Società per azioni», in *Trattato di diritto commerciale e di diritto pubblico dell'economia*, Ed. CEDAM, Padova, 1988, vol. 7.º, 2.ª ed., pp. 98, 99, 103 y 104; SIMONETTO, E., «La nuova stesura dell'art. 2332 e la società di capitali irregolare», *RDCiv,* 1974, II, p. 346; BOCCHINI, E., *I vizi,* cit., p. 50; EMBID IRUJO, J. M., «La validez de las obligaciones sociales», en *Reforma de la Ley de sociedades anónimas,* Ed. Civitas, Madrid, 1987, p. 61, y BORGIOLI, A., *La nullità*, cit., p. 192.

(32) Véase BORGIOLI, A., *La nullità*, cit., p. 191.

(33) «Società per azione», cit., pp. 98, 99, 103 y 104.

(34) «Società per azione», cit., pp. 98 y 99, e «Il negozio giuridico», cit., p. 265.

Añade que la norma no tutela a los acreedores en cuanto tales; la protección de éstos es sólo consecuencia de la tutela del interés de la sociedad.

Esta nueva regulación, dice BOCCHINI (35), beneficia a la gran empresa. Defiende su estabilidad, sus negocios y la ampliación y desarrollo de su posición en el mercado. La prueba, según este autor, se encuentra en que en países como Alemania sólo tienen legitimación para ejercitar la acción de nulidad los socios, administradores y los miembros del Consejo de vigilancia. El tercero no puede decidir la iniciación del procedimiento para intentar la nulidad de la sociedad. Además, la acción de nulidad se paraliza con una modificación del acto constitutivo por parte de la Junta General. Pero SÁNCHEZ CALERO (36) manifiesta que es más sencillo decir que al Ordenamiento jurídico le interesa tutelar el buen funcionamiento del mercado y proteger los intereses de quienes de buena fe actúan en el mismo. Este interés aumenta cuando aumenta la dimensión del mercado y esto ocurre en el Mercado Común europeo.

Una cosa es saber a quién beneficia la regulación comunitaria sobre la nulidad de la sociedad anónima y otra saber cuál es el interés que pretende salvaguardar con la introducción de esta norma.

Esta norma procura la permanencia de la sociedad. Con la subsistencia de la sociedad se protegen también los intereses de los terceros que contrataron con ella; los intereses de los trabajadores, que mantendrán su puesto de trabajo, de los proveedores, etc. La tutela de estos terceros es una consecuencia de la continuidad de la sociedad, que es lo que le interesa a la norma comunitaria.

La Directiva describe con exactitud cada una de las causas de nulidad de la sociedad anónima. Así su artículo 11.2 establece que «los únicos casos en que podrá declararse la nulidad son: a) la falta de escritura de constitu-

(35) *I vizi,* cit., pp. 66 a 75.
(36) «La sociedad nula», cit., p. 1015.

ción o la inobservancia de las formalidades de control preventivo, o bien de la forma pública (37); b) el carácter ilícito o contrario al orden público del objeto de la sociedad; c) la ausencia, en la escritura de constitución o en los estatutos, de indicaciones relativas a la denominación de la sociedad, o a las aportaciones, o al importe del capital suscrito, o al objeto social; d) la inobservancia de las disposiciones de la legislación nacional relativas al capital mínimo desembolsado; e) la incapacidad de todos los socios fundadores; f) el hecho de que contrariamente a la legislación nacional que regule la sociedad, el número de socios fundadores sea inferior a dos» (38).

La Directiva parte de la concepción de que la declaración de nulidad tiene consecuencias *ex tunc*. Lo trasluce su último considerando cuando dice que es necesario limitar «el efecto retroactivo de la declaración de nulidad». No se trata del efecto retroactivo propiamente dicho, pues la retroactividad existe cuando el autor del acto jurídico puede darle efectos para el pasado, mientras que la eficacia *ex tunc* del acto nulo la impone la lógica o el Ordenamiento jurídico. Los autores de la Directiva debieron pensar que la declaración de nulidad de la sociedad, por naturaleza o definición, tiene

(37) Téngase presente que el artículo 10 de la Primera Directiva exige que: «en todos los Estados miembros cuya legislación no prevea un control preventivo, administrativo o judicial, en el momento de la constitución, la escritura de constitución y los estatutos de la sociedad, así como las modificaciones de estos documentos, deberán constar en escritura pública»

(38) La doctrina ha intentado clasificar las causas de nulidad de la Directiva comunitaria. La primera dificultad que ha encontrado es que unas son objetivas y otras subjetivas; unas de fondo y otras formales; unas afectan a las condiciones de validez del acto constitutivo y otras son violaciones del tipo. Véanse, entre otros, ANGELICI, C., *La società nula,* Ed. Giuffrè, Milano, 1975, p. 183; FERRARA, F., *Gli imprenditori e le società*, Ed. Giuffrè, Milano 1984, 6.ª ed., p. 365; HALPERIN, I., *Curso de derecho comercial,* Ed. Depalma, Buenos Aires, 1972, 3.ª ed., Vol. I, pp. 338 y 339; JUGLART, M. e IPPOLITO, B., *Traité de droit commercial,* Ed. Montcrhétien, París, 1980, 3.ª ed., per Pontance E. y Dupichot, J., Vol. II, pp. 461 y ss.; TYAN, E., *Droit Commercial,* Ed. Librairies Antoine, 1968, T. I, p. 320; URÍA, R., *Derecho Mercantil,* Ed. Marcial Pons, Madrid, 1989, p. 201; EIZAGUIRRE, J. M., «La sociedad nula», cit., p. 344; VICENT CHULIÁ, F., *Compendio crítico de Derecho Mercantil*, Ed. Bosch, 1991, 3.ª ed., T. I, vol. I, p. 415.

efecto desde que en ella se produjo el vicio; siempre tiene efecto retroactivo, y quieren evitarlo. Han considerado oportuno que supuestos de inexistencia, nulidad absoluta y nulidad relativa sean tratados como causas de nulidad y parece que han decidido que lo conveniente, en cuanto a sus efectos, era establecer como solución a todos ellos la nulidad con efectos *ex nunc* cualquiera que sea la causa de nulidad de la sociedad (39), pero ya veremos que no ha sido así.

La eficacia de la declaración de nulidad de la sociedad la fijan los números 2 y 3 del artículo 12 de la Directiva. «La nulidad provocará la liquidación de la sociedad, en la misma forma que la disolución». «La nulidad no afectará por sí misma a la validez de los compromisos de la sociedad o de los contraídos hacia ella, sin perjuicio de los efectos del estado de liquidación». La Directiva no ha limitado, pues, sino que ha suprimido la eficacia *ex tunc,* o la retroactividad, si se quiere utilizar el término que ella emplea, de la declaración de nulidad. Su consecuencia es provocar la liquidación de la sociedad a partir del momento en que se declare la existencia del vicio origen de la nulidad. La sociedad entra en liquidación a partir de la declaración de nulidad.

Los efectos descritos son los que la Directiva quiere para la nulidad de la sociedad con respecto a terceros. Su artículo 12.4 dispone que «la legislación de cada Estado miembro podrá regular los efectos de la nulidad entre los socios».

Los efectos de la nulidad para terceros serán regulados a partir de la Directiva por las legislaciones nacionales. Los efectos de la nulidad para los socios serán libremente previstos por las normas de cada Estado o por las ya establecidas por éstos.

Existe el caso singular de los efectos de la nulidad de la sociedad con respecto a «los portadores de participaciones

---

(39) Esta solución, que ha debido seguir nuestra legislación, ha llevado a SÁNCHEZ CALERO (ob. cit., p. 1012) a poner en cuestión si estamos ante una verdadera nulidad, «ya que los efectos de la sentencia que declara la nulidad son relativamente benévolos».

o de acciones» (artículo 12.5 de la Directiva), pero de él nos ocuparemos más tarde.

Puede existir una diferencia de carácter procesal entre la nulidad con respecto a los terceros y la nulidad en relación con los socios de la sociedad. «La oponibilidad a terceros de una resolución judicial que declare la nulidad estará regulada por las disposiciones del artículo 3 (40). La oposición a terceros cuando esté prevista por el derecho nacional, sólo será admisible durante un plazo de seis meses a partir de la publicación de la resolución judicial» (artículo 12.1 de la Directiva). Mientras que la oponibilidad de la misma resolución a los socios de la sociedad la regirá cada Derecho nacional.

Recordemos que las directivas comunitarias van dirigidas a los Estados para que éstos dicten las normas pertinentes conforme a aquéllas. No tienen efecto directo sobre los miembros de los Estados salvo casos excepcionales. La Directiva que estudiamos va especialmente dirigida a los Estados cuyo Ordenamiento jurídico no contiene un elenco cerrado de causas de nulidad; a aquellos que, como Francia, España e Italia, aplican como causas de nulidad del acto constitutivo de una sociedad anónima todas las previstas para la nulidad de los contratos.

La Directiva tiene presente que los países de la Comunidad Económica Europea tienen distintos sistemas legislativos. Unos parten de una concepción contractualista y otros de una concepción institucional de la sociedad. Pero su regulación se inspira fundamentalmente en el Derecho alemán (41).

El primero y más importante de los principios de la Directiva es el de la enumeración taxativa de las causas de nulidad. El segundo, el de la unificación de las consecuencias de los vicios graves que puede padecer el acto constitutivo de la sociedad. El tercero, el de la validez de las

(40) Sólo las resoluciones judiciales pueden declarar la nulidad de las sociedades, pues el artículo 11.1 de la Directiva dispone que «la nulidad deberá ser declarada por resolución judicial».

(41) Véanse las notas 25, 40, 43, 134, 149 y 176.

obligaciones de la sociedad declarada nula o de las obligaciones asumidas en relación con ésta y la intervención del juez para comprobar y declarar la nulidad.

Los Estados miembros de la Comunidad Económica Europea tienen la obligación de eliminar de su sistema jurídico las causas de nulidad que no estén incluidas en el artículo 11 de la Directiva o establecer un sistema de causas de nulidad que no sobrepase las de dicho precepto (42).

5. La nulidad de las sociedades anónimas en la Ley de sociedades anónimas de 22 de diciembre de 1989

A. *Enumeración de las causas de nulidad*

La Ley de sociedades anónimas de 22 de diciembre de 1989, en el artículo 34.1, establece como causas de nulidad:

---

(42) En Italia, el Decreto del Presidente de la República n.º1127 de 29 de diciembre de 1969 adapta la legislación italiana al Derecho comunitario. Con anterioridad existía un número abierto de causas de nulidad, pues no estaban tasadas las causas de nulidad del acto constitutivo y se aplicaban las reglas generales para los contratos.

En Alemania, la Ley de 15 de agosto de 1969 modificó el parágrafo 275 de la *AktG*, y la adaptó a la Directiva comunitaria. Dicha Ley reduce drásticamente el número de causas de nulidad recogido por el artículo 275 de la Ley de sociedades por acciones de 6 de septiembre de 1965.

En Francia, la Ordenanza de 20 de diciembre de 1969 adaptó el artículo 360 de la Ley de sociedades de 24 de julio de 1966 a la legislación de la Comunidad Económica Europea. La reforma ha consistido en añadir un párrafo al artículo 360 de aquélla, pues dicho artículo ya tenía presente las ideas comunitarias.

En Bélgica, la Ley de 6 de marzo de 1973 adapta la legislación belga a la normativa de la Comunidad Económica Europea. Añade al Código de Comercio el artículo 13.a), que enumera taxativamente las causas de nulidad.

Luxemburgo, por Ley de 23 de noviembre de 1973, ha adaptado sus leyes a la Primera Directiva.

Portugal, mediante el *Código das Sociedades Comerciales* aprobado por el Decreto-Ley de 2 de septiembre de 1986 adapta su Derecho de sociedades a la normativa comunitaria.

Holanda, en virtud de la Ley de 29 de abril de 1971, adaptó su legislación a la Primera Directiva de la CEE sobre sociedades. En Dinamarca en 1973 (año en que se produce su adhesión a la CEE) se aprueba la ley de sociedades anónimas. Estos dos últimos países, al igual que Gran Bretaña e Irlanda, no han tenido necesidad de modificar su legislación en materia de nulidad de las sociedades anónimas, pues su sistema jurídico prevé que la sociedad se ha constituido cuando se han cumplido todos los requisitos legales y se ha inscrito.

a) El objeto social ilícito o contrario al orden público. b) La no expresión en la escritura de constitución o en los estatutos sociales de la denominación de la sociedad, las aportaciones de los socios, la cuantía del capital, el objeto social o no respetarse el desembolso mínimo del capital legalmente previsto. c) La incapacidad de todos los socios fundadores. d) No haber concurrido en el acto constitutivo la voluntad efectiva de, al menos, dos socios fundadores, en el caso de pluralidad de éstos. Nuestra Ley ha convertido los casos b) a f) del artículo 11.2 de la Primera Directiva sobre sociedades, en causas que permiten el ejercicio de la acción de nulidad de la sociedad.

El artículo 11.2.a) de la Primera Directiva considera causa que permite el ejercicio de la acción de nulidad de la sociedad «la falta de escritura de constitución o la inobservancia de las formalidades de control preventivo, o bien de la forma pública». Pero la Ley de sociedades anónimas de 22 de diciembre de 1989 no incluye esta causa en su artículo 34 porque en España la inscripción de la escritura pública de fundación de la sociedad en el Registro Mercantil tiene carácter constitutivo (artículo 7.1 de la LSA) (43). La sociedad anónima

(43) La escritura pública, como dice GIRÓN TENA, J. (*Derecho de sociedades*, cit., p. 227), da fijeza a la existencia del negocio y a su contenido y, con la intervención del notario, protege a los mismos intervinientes de impremeditaciones y ligerezas e impide acuerdos prohibidos por la ley o contrarios a las buenas costumbres y al orden público, pero la sociedad anónima se constituye o nace con la inscripción de la escritura pública en el Registro Mercantil. El registrador mercantil denegará la inscripción de la sociedad anónima cuando aprecie que no se han observado todas las prescripciones legales para el procedimiento de su creación (Véase, RUBIO, J., *Curso de derecho de sociedades anónimas*, Ed. de Derecho Financiero, Madrid, 1974, 3.ª ed., p. 205). El acto fundacional de la sociedad anónima no inscrito produce efectos jurídicos pero no la existencia de la sociedad.

Se considera sociedad irregular a la no inscrita en el Registro Mercantil. GARRIGUES, J. (*Comentarios*, cit., p. 164) precisa que la «irregularidad supone cabalmente la falta de inscripción y admite que, no obstante, se produzcan ciertos efectos jurídicos (los llamados internos). Por el contrario la nulidad se refiere a las sociedades inscritas que no debieron serlo por defectos en el procedimiento de fundación o por los motivos generales de nulidad de los contratos». En el mismo sentido, LANGLE, M., «La compañía mercantil irregular», *RDM*, 1950, I, p. 11, y VALERI, G., *Manuale di diritto commerciale*, Ed. Dott. Carlo Cya, Firenze, 1950, vol. I, p. 117.

El caso a) del artículo 11 de la Directiva quizá pretenda conseguir la nulidad incluso de la sociedad irregular.

antes de existir no puede incurrir en una causa de nulidad (44). Las causas de nulidad se refieren, pues, a las sociedades inscritas en el Registro Mercantil, mientras que a la posible nulidad del acuerdo de fundación de la sociedad no inscrito se le aplicarán las disposiciones generales sobre la nulidad de los contratos. El contrato de sociedad existe aunque no esté inscrito y se rige por la legislación general. Las normas que estudiamos rigen la nulidad de la sociedad que se constituye al inscribirse en el Registro Mercantil. Pero la verdad es que el último apartado del artículo 11 de la Primera Directiva ha convertido «la falta de escritura de constitución o la inobservancia de las formalidades de control previo o bien de la forma pública», que son causas de inexistencia de la sociedad, en causas de nulidad de la misma (45). De otro lado, «la incapacidad de todos los socios fundadores»

---

(44) El profesor GARRIGUES, J. (*Comentarios*, cit., p. 164) señala que es impropio decir que es nula la sociedad anónima pactada en documento privado o en escritura no inscrita en el Registro Mercantil y equivocado responder afirmativamente a la pregunta sobre si las sociedades anónimas no constituidas regularmente son nulas.

(45) En Alemania e Italia la inscripción de la sociedad en un registro tiene eficacia constitutiva. En Bélgica, Francia, Holanda y Luxemburgo dicha inscripción carece de eficacia constitutiva.

Existen países de la CEE, Dinamarca, Holanda, Gran Bretaña e Irlanda, que tienen un control preventivo, judicial o administrativo, de la constitución de la sociedad. En Gran Bretaña el «certificate of registration» constituye la prueba definitiva de la regularidad de la sociedad. El «Registror» testifica esta regularidad a la vista de una declaración de un «solicitor» o de una persona designada en los estatutos como director o secretario de la sociedad (*Companies Act 1948*, Secc. 15). El certificado de personalidad jurídica emitido por el «Registror» confirma que se han cumplido todos los requisitos requeridos por la Ley para constituir la sociedad.

Francia, Bélgica y Luxemburgo sancionan la violación de las prescripciones legales combinando la nulidad del acto constitutivo y la responsabilidad civil y penal de los administradores y socios fundadores.

Por último, Alemania e Italia tienen un sistema que combina los dos anteriores. Un control preventivo de carácter judicial o administrativo y la sanción de los vicios de constitución con la nulidad.

Para ampliar la información sobre estos sistemas, puede verse BOCCHINI, E., *I vizi*, cit., pp. 55 y 56, y GOLDMAN, B., LYON-CAEN, A., *Derecho Comercial Europeo*, cit., pp. 167 a 170.

La Directiva (art. 10) establece que en todos los Estados miembros cuya legislación no prevea un control preventivo de la constitución de la sociedad, el acto constitutivo, los estatutos de la sociedad y sus modificaciones deberán revestir la forma pública.

y no concurrir «en el acto constitutivo la voluntad efectiva de al menos dos socios fundadores» también son, si se dejan de lado las declaraciones legales, causas de inexistencia de las sociedades, pues en estos casos faltará el consentimiento creador de la sociedad que es un elemento esencial. La diferencia entre estas dos causas y la falta de escritura o la inobservancia de las formalidades del control previo, consiste en que éstas se aprecian fácilmente por ser manifiestas, mientras que aquéllas requieren, las más de las veces, una investigación cuidadosa. La diferencia entre el artículo 34.1 de la Ley de sociedades anónimas y el artículo 11.2 de la Directiva de la CEE puede tener consecuencias que después examinaremos.

B. *Efectos de la nulidad*

En cuanto a los efectos de la nulidad de las sociedades, el artículo 35 de la Ley de sociedades anónimas reproduce las disposiciones fundamentales de la Primera Directiva. «La sentencia que declare la nulidad de la sociedad abre su liquidación —dice su número 1—, que se seguirá por el procedimiento previsto en la presente Ley para los casos de disolución». «La nulidad no afectará a la validez de las obligaciones o de los créditos de la sociedad frente a terceros ni a la de los contraídos por éstos frente a la sociedad, sometiéndose unas y otras al régimen propio de la liquidación.»

La Ley de sociedades anónimas no ha regulado de manera especial «los efectos de la nulidad entre los socios», según la previsión del artículo 12.4 de la Primera Directiva. Después trataremos de averiguar si los artículos 34 y 35 de la Ley de sociedades anónimas son aplicables a la nulidad de las sociedades tanto respecto a terceros como entre socios o sólo a aquéllos.

La aplicación de los preceptos examinados tendrá como principal consecuencia la inaplicación a las sociedades anónimas de la regulación sobre la nulidad de los contratos, pues de otro modo carecería de sentido la reforma y no sería efectivo el principio legal de la enumeración taxativa de las causas de nulidad de la sociedad anónima (46).

Expondremos detalladamente los efectos de la declaración de nulidad en el capítulo VIII.

C. *Normas procesales*

Las normas procesales no se incluyen en los preceptos de la Ley de sociedades anónimas. El artículo 34.1, no obstante, comienza diciendo que «una vez inscrita la sociedad, la acción de nulidad sólo podrá ejercitarse...». El carácter taxativo de las causas de nulidad aparece en el comienzo mismo del precepto que regula la nulidad de la sociedad. Lo cual confirma lo ya dicho sobre que antes de la inscripción del contrato de constitución en el Registro Mercantil se le aplicarán a éste las causas de nulidad del contrato, pues sólo «una vez inscrita la sociedad» puede ejercitarse contra la misma la acción de nulidad amparada en el artículo 34.1 de la LSA.

En el capítulo VII nos ocuparemos de las cuestiones procesales que suscita la nulidad de las sociedades anónimas.

---

(46) En Italia la Sentencia de 27 de junio de 1973 del Tribunal de Livorno señaló que «la causa de nulidad de la sociedad prevista en el artículo 2332 n.º1 (falta de acto constitutivo) comprende toda hipótesis de nulidad del contrato según la disciplina general de los contratos». ABBADESSA, P. («Nullità della società per mancanza dell'atto costitutivo», *RDC*, 1974, p. 172), al comentar dicha sentencia, afirma que no se puede sostener que el artículo 2332 n.º 1 absorbe todas las hipótesis de nulidad previstas en el artículo 1418 C.civ., cuando el mismo artículo en los números sucesivos demuestra claramente que excluye la existencia de un reenvío general a la disciplina de la nulidad contractual.

IV. LAS CAUSAS DE NULIDAD DE LAS SOCIEDADES ANONIMAS ESPAÑOLAS

En las páginas anteriores hemos puesto de manifiesto que la nulidad del contrato de fundación de la sociedad se rige por las normas reguladoras de la nulidad de los contratos. No es nuestro propósito en esta ocasión estudiar la nulidad de dicho contrato, sino la nulidad de la sociedad anónima según su reciente regulación por la Ley de sociedades anónimas.

El artículo 34.1 de la LSA enumera las cuatro causas de nulidad de las sociedades anónimas españolas. El artículo 32 del Proyecto de Ley enumeraba cinco causas de nulidad, pero éstas han sido reducidas a cuatro al ser eliminada, como ya hemos visto, la falta de escritura pública o de su inscripción en el Registro Mercantil.

Las causas de nulidad del contrato de fundación son muchas más que las de las sociedades anónimas. Esto suscita la cuestión de si al inscribirse el contrato en el Registro Mercantil y nacer la sociedad, ya no resulta posible ejercitar acciones de nulidad contra el contrato de fundación con fundamento en la legislación general y únicamente cabrá intentar la nulidad de la sociedad si concurre alguna de las causas enumeradas por el citado artículo de la LSA. De contestar afirmativamente a esta cuestión habría que estimar que la inscripción en el Registro sana los vicios del contrato o que con ella caduca la acción para lograr su nulidad.

Nos parece que por la inscripción no ocurre ni una cosa ni otra. Mientras que exista plazo para ello podrá ejercitarse la acción contra el contrato de fundación aunque haya nacido la sociedad. El texto legal da la impresión de querer adoptar posición contraria a la tesis defendida por GARRIGUES (47) y URÍA (48) de que la inscripción en el Registro Mercantil no sana los defectos del proceso fundacional y por tanto queda abierta a los interesados la acción para pedir la declaración de nulidad del contrato de constitución de una sociedad constituida ilegalmente. Pero no insistimos sobre este particular para no separarnos del objeto principal de este trabajo.

El artículo 34.1 dice que «una vez inscrita la sociedad, la acción de nulidad sólo podrá ejercitarse por las siguientes causas:...» (49). Se trata, por consiguiente, de una enumeración taxativa de las causas de nulidad, como ya hemos

---

(47) *Comentarios*, cit. pp. 176 y 177.

(48) *Derecho Mercantil*, cit., p. 229.

(49) El artículo 32 párrafo 1.º del Proyecto de Ley decía: «La acción de nulidad de la sociedad anónima sólo podrá ejercitarse por las siguientes causas:...». Este texto fue objeto de enmiendas. Algunas de ellas, como la de la Agrupación Parlamentaria del Partido Liberal (grupo mixto), consistía en una mejora técnica, pues proponía dijera: «Será nula la constitución de la sociedad anónima en los casos siguientes». El Grupo Minoría Catalana enmendó el texto en el sentido de que algunas de las causas que se enumeran como de nulidad admiten perfectamente la subsanación sin que con ello se cause daño a la sociedad o a terceros. Propuso añadir: «La acción de nulidad de la sociedad ante los Tribunales sólo podrá ejercitarse por las siguientes causas que, al inicio del procedimiento, no hubieren sido subsanadas». El CDS presentó una enmienda dando una nueva redacción al artículo 32, con el apartado primero siguiente: «La nulidad de la sociedad deberá declararse judicialmente, por no haberse otorgado la escritura de constitución o no haberse inscrito en el Registro Mercantil y, una vez inscrita, sólo por las siguientes causas». La justificación dada para la introducción de esta última enmienda era que «la referencia a la declaración judicial de nulidad, viene dada por el artículo 11 de la Primera Directiva de la CEE de fecha 9 de marzo de 1968. Con esta redacción se respeta el que creemos interés del texto del proyecto, imposibilidad de sociedades irregulares, sin entrar en el análisis de si son supuestos de inexistencia, nulidad radical o anulabilidad, análisis que será mejor dejar a la teoría general del derecho». El PSOE propuso un texto transaccional con la enmienda del CDS y la desestimación de las demás enmiendas (Véase *BOCG/C.D.* de 24 de junio de 1988). El Dictamen de la Comisión y los escritos de mantenimiento de enmiendas para su defensa ante el Pleno del Congreso de los Diputados (*BOCG/C.D.* de 13 de abril de 1989), propusieron para el párrafo inicial del artículo 31 el siguiente texto: «Una vez inscrita la sociedad, la acción de nulidad sólo podrá ejercitarse por las siguientes causas».

dicho, que son las siguientes: 1.º. Resultar el objeto social ilícito o contrario al orden público. 2.º. No expresarse en la escritura de constitución o en los Estatutos sociales la denominación de la sociedad, las aportaciones de los socios, la cuantía del capital, el objeto social o, finalmente, por no respetarse el desembolso mínimo del capital legalmente previsto. 3.º. Incapacidad de todos los socios fundadores. 4.º. No haber concurrido en el acto constitutivo la voluntad efectiva de, al menos, dos socios fundadores, en el caso de pluralidad de éstos.

Las causas de nulidad de la sociedad anónima pueden clasificarse teniendo en cuenta la inobservancia de las condiciones de fondo y de las condiciones de las formas de la publicidad (50); los vicios concernientes al contenido y a la formación (51); causas referidas al acto constitutivo y a las condiciones extrínsecas (52); causas concernientes al control preventivo, al núcleo objetivo patrimonial de la sociedad y al perfil subjetivo-contractual (53); causas que afectan a la escritura y otras a los estatutos (54).

Hemos preferido seguir para el estudio y análisis de las causas de nulidad de la sociedad anónima el orden de la Ley y prescindir de cualquier referencia a su clasificación. Así lo hacemos a continuación.

1. Objeto social ilícito o contrario al orden público

La acción de nulidad podrá ejercitarse «por resultar el objeto social ilícito o contrario al orden público» (artícu-

---

La sociedad irregular, como dice el profesor MENÉNDEZ («Sociedad anónima e inscripción en el Registro Mercantil», *AAMN*, 1991, T. XXX, vol. 1, p. 21), es una sociedad con un vicio o defecto de publicidad. La sociedad nula es la que padece un vicio de los que la Ley considera causa de nulidad de la misma. Sólo las sociedades inscritas en el Registro Mercantil (art. 34.1 de la LSA) pueden ser declaradas nulas, por lo que la sociedad irregular o de hecho no será nunca una sociedad nula, al igual que la sociedad en constitución.

(50) TYAN, E., ob. cit., p. 320.

(51) ANGELICI, C., ob. cit., p. 183.

(52) FERRARA, F., *Gli imprenditore...*, cit. p. 365.

(53) EIZAGUIRRE, J. M., ob. cit., p. 344.

(54) FERNÁNDEZ RUIZ, J. L., *La nulidad de la sociedad anónima en el Derecho Comunitario y en el Derecho español,* Ed. Civitas, Madrid, 1991, p. 21.

lo 34.1 de la LSA). La actividad que desarrolle la sociedad para lograr el fin social debe ser lícita (55). Cuando una sociedad se constituye para realizar una actividad ilícita, como puede ser, por ejemplo, el tráfico de divisas o de estupefacientes, la sociedad incurrirá en una causa de nulidad. La sociedad será ilícita y su ilicitud será inicial, desde el momento de su constitución.

Resultará difícil encontrar una sociedad anónima que inicialmente tenga un objeto social ilícito, pues la sociedad se constituye mediante escritura pública en la que debe figurar dicho objeto e inscribirse en el Registro Mercantil. En el procedimiento de constitución de la sociedad interviene notario y registrador y resulta casi imposible que no adviertan la ilicitud del objeto social (56). Si esto sucediera, el notario y el registrador incurrirían en responsabilidad por no haber prestado la diligencia debida en la realización de sus funciones. Sin embargo, es más probable que con el tiempo el objeto social inicialmente lícito sea sustituido por otro ilícito, pues la sociedad puede llevar a cabo una actividad distinta a

---

(55) Véanse los artículos 1666, 1271, 1272 y 1273 del Código civil.

El artículo 31.1.a) de la LSA no hace referencia a las buenas costumbres, que figuran en el artículo 1271 del Código civil.

El profesor GARRIGUES, J. (*Curso de Derecho Mercantil,* Ed. Revista de Derecho Mercantil, Madrid, 1976, 7.ª ed. revisada por Bercovitz, A., T. I, pp. 346 y 347) mantenía que, a falta de norma, dado que equiparaba objeto social ilícito a causa ilícita, era aplicable el artículo 1275 C.c. a las sociedades mercantiles. El contrato con objeto o causa ilícita no produce efecto alguno. Pero las consecuencias de la aplicación de esta regla son distintas si la sociedad ha funcionado o no y si la ilicitud implica o no la comisión de un delito. Hoy los efectos de la nulidad son regulados por el artículo 31.a) de la LSA y no hay que acudir al Código civil.

(56) Con carácter general, SÁNCHEZ CALERO (ob. cit., pp. 1016 y 1029) dice que «la limitación de las causas de nulidad de una sociedad inscrita establecida por la vigente Ley hace prácticamente inatacable el acto constitutivo de una sociedad anónima, cuando ha pasado, como sucede en España, por el doble filtro del notario y de la calificación del registrador mercantil». Por esto califica a las causas de nulidad que establece la Ley de causas de laboratorio. En el mismo sentido, VINCENT CHULÍA, F., («'Massa' o 'Masitur, S.A.': esta es la cuestión. Comentario a la Resolución de la Dirección General de los Registros y del Notariado de 21 de junio de 1990», *RGD,* n.º 550 y 51, 1990, p. 5655) manifiesta que «el supuesto de sociedad inscrita nula, a pesar de esta opción del Legislador, será realmente insólito».

la declarada en la escritura pública de constitución y en los estatutos. Dice Eizaguirre (57) que el término «resultar» empleado por el Anteproyecto de Ley de sociedades anónimas se refiere al objeto real o actividad efectivamente desarrollada por la sociedad a pesar de lo consignado en el acto constitutivo de la misma. El mismo término figura en el texto del artículo 34 de la LSA vigente. Esta interpretación nos parece lógica, aunque no descansa exclusivamente en dicho término, sino en la dicción de todo el artículo 34.1.a) de la LSA. La acción de nulidad de la sociedad podrá ejercitarse por esta causa siempre que su objeto sea ilícito o contrario al orden público inicial o sobrevenidamente. Dijimos anteriormente (II, 2) que la nulidad puede ser inicial o sobrevenida. El objeto de la sociedad puede ser inicialmente ilícito o contrario al orden público o ser inicialmente lícito o conforme al orden público y convertirse después en ilícito y disconforme al orden público (58).

El Tribunal de Justicia de la CEE, en su sentencia de 13 de noviembre de 1990, asunto «Marleasing, S.A.» (59), trata una cuestión prejudicial a instancia de un Juez de Oviedo. Dicho Juez preguntó si debía aplicar las normas relativas al régimen de nulidad de las sociedades anónimas contenidas en la Primera Directiva Comunitaria que, a pesar de haberse agotado el plazo, aún no había sido traspuesto por el legislador español.

En esta Sentencia el Tribunal de Justicia de la CEE afirma que la expresión «el objeto de la sociedad debe interpretarse

---

(57) «La sociedad nula», cit., p. 348.

(58) La actividad que de hecho realice la sociedad puede ser distinta del objeto estatutario por voluntad de los administradores y no por voluntad de los socios. En este caso, dice Sánchez Calero (ob. cit., p. 1021), la sociedad será válida, sin perjuicio de la responsabilidad de sus administradores.

(59) Marleasing, S.A. solicitó que se declarara la nulidad del contrato de sociedad por el que se constituyó la Comercial Internacional de Alimentación, S.A., por simulación y por haberse realizado en fraude de los acreedores de la sociedad Barviesa, cofundadora de la demandada (art. 1261 y 1275 C.c.). La Comercial Internacional de Alimentación, S.A. solicitó que se desestimara la demanda en su integridad, aduciendo la Directiva 68/151 que en su artículo 11 enumera taxativamente las causas de nulidad de las sociedades anónimas y en el cual no figura la falta de causa.

de forma que se refiera exclusivamente al objeto de la sociedad, según la descripción contenida en la escritura de constitución o en los Estatutos». «De ello se desprende (continúa la sentencia) que la declaración de nulidad de una sociedad no puede ser consecuencia de la actividad que realmente desarrolla, tal como, por ejemplo, el expolio de los acreedores de los fundadores.»

Nuestra Ley, por lo dicho, no parece que pueda interpretarse de igual modo.

También puede entenderse que si el objeto es inicialmente lícito, las actividades ilícitas que posteriormente lleve a cabo la sociedad no cambian el objeto de la sociedad. Así, GALGANO (60) entiende que la actividad ejercida en disconformidad con el objeto estatutario por los órganos sociales debe calificarse como violación del Estatuto y, por tanto, será censurable la actuación de los administradores y anulables los acuerdos de la Junta General, pero el objeto no será ilícito y la sociedad no será nula. Acuerdos sociales ilícitos o contrarios al orden público violarán el Estatuto y serán anulables. Sólo la actividad habitualmente ilícita o contraria al orden público puede poner de manifiesto que realmente ha habido un cambio en el objeto de la sociedad. Este ha dejado de ser lícito para pasar a ser ilícito.

Cuando se cambie el objeto social por modificación del estatuto (artículo 146 de la LSA) y se incurra en ilicitud del objeto social, no estaremos ante una causa de nulidad de la sociedad, sino ante un motivo de impugnación del acuerdo social por el que se modificó el objeto social (artículos 115 y ss. LSA). Estarán legitimados para promover la acción de impugnación de dicho acuerdo social los accionistas, los administradores y los terceros que acrediten interés legítimo. Por lo tanto, existen las suficientes garantías para que no se consolide el cambio de objeto o la inclusión en la sociedad de un objeto ilícito y la sociedad se vicie de nulidad.

---

(60) «Il negozio giuridico», cit., pp. 268 y 264, y «La società per azioni», cit., pp. 101 y 102.

El objeto ilícito es causa de nulidad de la sociedad. El acuerdo ilícito es impugnable. En caso de impugnación del acuerdo, solamente se declarará su anulación, mientras que cuando se declare la nulidad de la sociedad se procederá a su liquidación.

El artículo 9.b) de la LSA dispone que debe constar en los estatutos de la sociedad el objeto social, determinando las actividades que lo integran. El objeto social lo constituyen un conjunto de actividades. Puede suceder que alguna de las actividades sea ilícita y las restantes lícitas. En este caso resultará difícil decidir si el objeto de la sociedad es o no ilícito. Cuando alguna o algunas de las actividades son ilícitas, el principio de conservación de la sociedad debe llevar a la conclusión de que el objeto social no es ilícito aunque sí algunas actividades de la sociedad. Esto hará que la sociedad no sea nula aunque sí anulables los acuerdos ilícitos. También puede suceder que el objeto social sea ilícito y alguna o algunas de las actividades que lo integran sean lícitas. En este caso la sociedad será nula. Es un problema que sólo se puede resolver caso por caso.

Puede darse el supuesto de que el objeto social y todas las actividades que lo integran sean lícitas, pero que se utilicen medios ilícitos para conseguir el objeto social. Tampoco la sociedad será nula aunque incurrirán en responsabilidad penal y civil los que utilicen dichos medios.

Las causas de nulidad deben interpretarse estrictamente. Por esta razón la actividad ilícita o la utilización de medios ilícitos no será causa de nulidad de la sociedad, sino motivo para la anulación o nulidad de los acuerdos sociales y originará la responsabilidad de los administradores (61).

La ilicitud del objeto social es quizá la más grave causa de nulidad de la sociedad anónima porque atenta contra

(61) Cuando el objeto estatutariamente establecido disimule un objeto ilícito distinto del querido *ab origine* por los socios, y la concreta actividad ejercida aparece conforme a la efectiva y comprobada voluntad de los fundadores, estaremos en un caso de simulación relativa. Véanse GALGANO, F., «Il negozio giuridico», cit., p. 264 y pp. 431 y 432 y GIRÓN, J., *Derecho de sociedades,* cit., pp. 212 y 213.

valores fundamentales que, como afirma GALGANO (62), son valores de naturaleza colectiva que atienden a la pacífica y civil convivencia entre los hombres, al progreso económico y social, y también valores de naturaleza individual, relativa a la dignidad y a la seguridad de los particulares, de carácter irrenunciable (63).

El objeto social, según la doctrina, también debe ser posible. Al igual que sucede con la licitud, la imposibilidad del objeto social puede ser inicial, es decir, contemporánea con la constitución de la sociedad, o sobrevenida. MACCARONE (64) afirma que en la Directiva comunitaria la imposibilidad del objeto social se ha omitido como causa de nulidad de la sociedad. Pero la imposibilidad inicial del objeto hará inexistente a la sociedad por falta de uno de sus elementos esenciales de conformidad con la doctrina general de los contratos, que ni la Directiva ni la Ley especial para las sociedades anónimas ha alterado (65). Cuando la imposibilidad del objeto es sobrevenida nuestro Derecho la trata como una causa de disolución de la sociedad (artículo 260.3.º de la LSA).

Respecto al objeto social, también se plantea las consecuencias que puede tener la inscripción del objeto social indeterminado total o parcialmente o que incumpla los requisitos o prohibiciones que exige la LSA y el RRM.

Para RODRÍGUEZ ARTIGAS (66), «en aras del principio de conservación de la empresa, parece conveniente distinguir entre *cláusulas genéricas,* que implican una indeterminación prácticamente total del objeto social, y aquellas otras que... determinan el objeto pero contienen alguna o algunas de

(62) «Il negozio giuridico», cit., p. 245.

(63) En el Derecho inglés en el caso en que el objeto de la sociedad fuese ilícito sólo el *Attorney General* puede pedir la cancelación de la inscripción. Será un caso totalmente excepcional porque el Registrador habría denegado la inscripción (Véase FROMMEL, ob. cit., p. 721).

(64) «Nullità», cit., p. 107.

(65) Véase el artículo 1272 del Código civil.

(66) «Determinación estatutaria del objeto social», en *Derecho de sociedades anónimas, I, Fundación,* Ed. Civitas, Madrid, 1991, p. 165.

las *fórmulas residuales...*» (67). Para muchos autores (68) un objeto social genérico es un objeto ilícito porque está prohibido, lo que implica la nulidad de la sociedad. Por tanto, la determinación es un requisito esencial del objeto social. De la Cámara (69), aunque comparte esta solución, afirma que contradice el criterio restrictivo de las causas de nulidad de la sociedad anónima establecido por el artículo 11 de la Primera Directiva y el artículo 34 de la Ley española. Pero no compartimos este parecer, porque el artículo 34 de la LSA dispone que el objeto ilícito es causa de nulidad de la sociedad, e ilícito, en el sentido de ilegal, es crear una sociedad sin determinar suficientemente su objeto.

2. Falta en la escritura de constitución o en los estatutos sociales de la denominación de la sociedad, de las aportaciones de los socios, de la cuantía del capital o del objeto social

Se trata de un vicio de forma que origina la nulidad de la sociedad. El precepto se refiere a que no se hagan las menciones que enumera en la escritura de constitución de la sociedad, no a que la sociedad no tenga nombre, falten las aportaciones de los socios, éstas sean indeterminadas, o le falte el objeto a la sociedad. Si faltasen las aportaciones o el objeto la sociedad sería inexistente. El artículo 34.1.b) de la LSA pretende que la sociedad anónima se constituya sin defectos formales.

---

(67) Para este autor (ob. cit., p. 166), las «cláusulas que junto a cláusulas correctamente determinadas contienen fórmulas residuales de carácter genérico no deben, como señala Velasco San Pedro, suponer, en virtud del principio de conservación de la sociedad, la nulidad de ésta, sino que únicamente ineficaz la cláusula residual».

(68) Véase Broseta, M., «Determinación e indeterminación del objeto social en la Ley y en los Estatutos de las sociedades anónimas españolas», *RDN,* 1970, p. 9; Girón Tena, J., *Derecho de sociedades,* cit., p. 211; y Sáez García de Albizu, *El objeto social en la sociedad anónima,* Ed. Civitas, Madrid, 1990, pp. 131 y 132.

(69) «Fundación: escritura y estatutos. Suscripción y desembolso», en *La Reforma del Derecho de sociedades de capital,* Madrid, 1987, p. 107.

Los artículos 100 del Reglamento del Registro Mercantil y 8 de la Ley de sociedades anónimas señalan los requisitos que debe cumplir la escritura de constitución de una sociedad anónima para poder ser inscrita. La LSA, en sus artículos 8 y 9, enumera las menciones imprescindibles para la inscripción en el Registro de la escritura de constitución y de los estatutos de la sociedad anónima. El artículo 102 del Reglamento del Registro Mercantil indica las menciones que los estatutos de las sociedades anónimas deben expresar para poder ser inscritos. No obstante, puede suceder que, a pesar del control realizado por el notario y el registrador mercantil, se inscriba en el Registro una escritura o estatutos defectuosos. Como la inscripción en nuestro Ordenamiento jurídico no tiene efectos sanatorios, aunque se presume que es exacta y válida mientras no sea declarada nula por sentencia judicial (70) (artículo 7 del RRM), podrá ejercitarse la acción de nulidad si la mención que falta es una de las señaladas por el artículo 34.1.b) de la Ley de sociedades anónimas.

En la causa de nulidad o conjunto de causas de nulidad del artículo 34.1.b) de la LSA se agrupan varias violaciones del tipo (falta de indicación de la denominación de la sociedad; falta de mención de las aportaciones de los socios; falta de mención de la cuantía del capital; falta de indicación del objeto social y falta del desembolso mínimo del capital). Pero MERIDDA (71) indica que en la Directiva comunitaria se omitieron como causas de nulidad la falta de indicación, en la escritura de constitución o en los estatutos, de la duración de la sociedad, de su sede, del valor nominal de las acciones o de su número e incluso la falta de previsión de los administradores y representantes (72), que también pudieron y debieron ser incluidas.

Esto demuestra que, primero el legislador comunitario y ahora el nacional, no consideran que todas las menciones

---

(70) Esta no perjudicará los derechos de los terceros de buena fe adquiridos conforme al contenido del Registro.

(71) «Sulla causa di nullità», cit., pp. 786 y 787.

(72) Estos son algunos de los requisitos que deben contener los estatutos sociales. Véase el artículo 9.c), e), g) y h) de la LSA.

de las circunstancias de la sociedad tienen la misma importancia. Existen menciones esenciales, como las que figuran en dichos textos jurídicos y menciones accidentales que deben constar en los estatutos pero sin que su falta sea causa de nulidad de la sociedad (73).

La función calificadora del registrador mercantil adquiere gran importancia con la nueva regulación de las causas de nulidad que examinamos, pues siempre será mejor que se deniegue la inscripción de la sociedad en el Registro que se declare la nulidad de la misma.

A. *Falta de la denominación de la sociedad*

La primera mención a la que se refieren las normas citadas es la denominación de la sociedad (74). Sin ella es muy difícil identificar la sociedad, por ello se configura como un requisito de forma esencial cuya falta vicia de nulidad a la sociedad. La denominación de la sociedad permite diferenciar a las distintas sociedades y saber con cuál se están estableciendo relaciones. El artículo 2.1 de la LSA exige que en la denominación figure necesariamente la indicación «Sociedad Anónima» o su abreviatura «S.A.» y el apartado 2 del mismo artículo impide que se adopte una denominación idéntica a la de otra sociedad preexistente (75).

Puede faltar el nombre de la sociedad y puede figurar éste y omitirse el tipo social. EIZAGUIRRE (76) entiende que tanto la falta o ausencia de la denominación de la sociedad como la indicación del tipo social vician a la sociedad de

(73) Véase FERRARA, F., *Gli imprenditori,* cit., pp. 371 y 372.

(74) Sobre la denominación social véase, entre otros, GARCÍA-TUÑÓN, A. M., «Denominación y domicilio social», en *Derecho de sociedades anónimas, I, Fundación,* Ed. Civitas, Madrid, 1991, pp. 205 y ss., y GARRIDO DE PALMA, V. M., *Sociedades de capital...»*, cit.

(75) El artículo 2 del Proyecto establecía que no se podía adoptar una denominación *sustancialmente* idéntica a la de una sociedad preexistente.

Lo habitual es que el notario pida un certificado del Registro de Sociedades en el que se diga que no existe otra sociedad con la misma denominación.

(76) «La sociedad nula», cit., p. 348.

nulidad. Sin embargo otros autores (77) entienden que si sólo falta el tipo de sociedad no habrá causa de nulidad. Las causas de nulidad deben interpretarse estrictamente. Pero como el artículo 34.1.b) de la LSA se refiere a la no expresión de «la denominación de la sociedad», y el artículo 2.º de la misma exige que la denominación de la sociedad debe incluir necesariamente la indicación «Sociedad Anónima» o su abreviatura «S.A.», la denominación de las sociedades anónimas es el nombre de la sociedad más la indicación «Sociedad Anónima» o «S.A.». Sin esta indicación la sociedad carece de denominación. Por consiguiente un nombre solo en la escritura o en los estatutos originaría la nulidad de la sociedad por falta de denominación. Por supuesto, también tendría el mismo efecto la indicación «Sociedad Anónima» sin el nombre de la sociedad.

Respecto al vicio de nulidad en relación con la denominación social también se plantea la cuestión de si una sociedad cuya denominación en los estatutos y en la escritura sea contraria a la ley o que provoque confusión con otra sociedad, autoriza a instar la nulidad de la sociedad. El artículo 369 del RRM dispone que la denominación social no debe ser contraria al orden público o a las buenas costumbres, y su artículo 371 establece que dicha denominación no puede inducir a error sobre la clase de sociedad o la entidad a que se refiere. La infracción de la ley o la confusión sobre la identidad de las denominaciones sociales no puede considerarse causa de nulidad de aquélla, pues no puede comprenderse en la enumeración taxativa de las causas de nulidad de la sociedad anónima. Aunque se habrá contravenido una norma prohibitiva (el artículo 2.2 de la LSA y los artículos 371 y 372 del RRM), no puede aplicarse el artículo 6.º3 del Código civil, pues el artículo 34 de la LSA, como ya hemos dicho, establece un régimen especial para la nulidad de las sociedades anónimas que impide la aplicación de dicho precepto. La infracción de lo mandado por la ley tiene por

---

(77) Véase Borgioli, A., *La nullità*, cit, pp. 420 a 423, y Costi, R., *Il nome delle società*, Ed. CEDAM, Padova, 1964, p. 289.

consecuencia la nulidad de pleno derecho del nombre de la sociedad. Se dará la circunstancia del artículo 34.1.b) de la LSA y podrá instarse la nulidad de la sociedad. Se aplica al nombre de la sociedad que se confunde con el de otra sociedad, pues esto es infracción de una norma prohibitiva, el artículo 6.º3 del Código civil, ya que los vicios de la denominación social no se incluyen como causa de nulidad en el artículo 34 de la LSA. Igual ocurrirá en los demás supuestos en los que el nombre de la sociedad contradiga a las leyes.

La denominación social puede provocar confusión con la de otra sociedad. La denominación similar a otra existente es causa de denegación de la inscripción registral o de la nulidad de dicha inscripción, pues pueden inducir a error o confusión como señalan los artículos 11.f) y 12.1.a) de la Ley de Marcas de 10 de noviembre de 1988 que le son aplicables al nombre comercial o denominación social en virtud del artículo 81 de la citada Ley de Marcas.

La confusión por la identidad o similitud de las denominaciones sociales no es causa de nulidad de la sociedad. Si se inscribe una denominación similar procederá la nulidad de la inscripción de dicha denominación, no la nulidad de la sociedad (78).

B. *Falta de la expresión de las aportaciones de los socios*

El artículo 34.1.b) de la LSA no dispone que sea nula la sociedad por la falta de la aportación de los socios. Lo que este precepto establece, en relación con el artículo 8.c) de la LSA, es la nulidad de la sociedad por la falta de mención en los documentos fundacionales de dichas aportaciones.

La falta de la efectiva aportación del metálico, bienes o derechos de cada socio, supone la ausencia del elemento patrimonial que los fundadores deben poner a disposición

(78) Sobre la nulidad de la inscripción registral de la denominación social véanse los artículos 47 y ss. de la Ley de Marcas.

de la sociedad para que ésta desarrolle su actividad. Sin el capital la sociedad no podrá actuar o la hará sin ninguna garantía para los que con ella se relacionen (79). Su permanencia en el tráfico mercantil sería un peligro para la seguridad del comercio (80). La Sentencia de 18 de julio de 1989 afirma que la aportación de los socios es «un requisito de *ius cogens*», por lo que la omisión de las aportaciones de algunos socios origina la nulidad radical de la sociedad *ex* artículo 6.º3 del Código civil. Pero, como después veremos, será causa de nulidad al poder incluirse en el supuesto de la falta del desembolso mínimo legalmente previsto.

El artículo 8.c) de la LSA exige que la escritura de constitución exprese «el metálico, los bienes o derechos que cada socio aporte o se obligue a aportar...» (81). La expresión de las aportaciones de los socios es un requisito de forma esencial. La falta de indicación de las aportaciones de los socios no impedirá el desarrollo de la actividad social.

Teniendo presente el artículo 22 de la LSA sobre la suscripción de acciones y desembolso del capital, que impone la obligación de llevarla a cabo dentro del plazo fijado en el programa de fundación o del de su prórroga, previo desembolso de un veinticinco por ciento, al menos, del importe nominal, resulta casi imposible que no se realice la aportación de una cuarta parte del valor nominal de cada una de las acciones dentro del plazo fijado por el programa. Las aportaciones normalmente figurarán en su escritura de constitución. Resulta muy difícil que falte una indicación tan importante y elemental como es la expresión de las aportaciones

---

(79) Véase BORGIOLI, A., *La nullità*, cit., pp. 425 y 426.

(80) Debemos tener presente que, como indica el artículo 18 de la LSA, los fundadores responderán de la realidad de las aportaciones sociales.

(81) En la legislación italiana (art. 2332, n.º 5 C.c.) se utiliza la expresión «falta de toda indicación relativa a...». Fórmula muy elástica, pues, como señala BORGIOLI (*La nullità*, cit., pp. 424 a 428), con la sola indicación referente a una aportación (o algunas), aunque sea incompleta o inexacta, se evitaría la nulidad. Además, si la mención puede deducirse del contexto del acto constitutivo o de los estatutos no tendrá lugar la nulidad. Dado que el capital constituye la suma de las aportaciones, conociendo el capital se podrá llegar a la determinación de las aportaciones.

El texto de la norma española no permite esta interpretación.

de los socios, sobre todo por la intervención del notario y del registrador. Pero esto no resta significado a la exigencia legal. La consecuencia de su falta será la que la ley dispone. La regulación legal previene con esta amenaza el que se cometa este vicio de forma.

C. *Falta de la expresión de la cuantía del capital*

Si en los estatutos o en la escritura de constitución no figura la cuantía del capital existirá una causa de nulidad de la sociedad (82). La importante función de garantía que tiene la mención del capital, que ha estudiado detenidamente MASSAGUER (83), explica que su falta sea causa de nulidad de la sociedad. La cifra de capital es decisiva para adoptar ciertos tipos sociales (artículos 4 LSA y 3 LSRL), por ello es bastante improbable que se inscriba una sociedad sin la indicación de la cuantía del capital, pues el notario y el registrador mercantil, dadas sus funciones, apreciarán fácilmente este error. Pero si faltara esta expresión la sociedad tendrá un vicio de nulidad. Puede suceder que la indicación de la cifra de capital sea defectuosa o distinta de la cantidad realmente desembolsada. Pueden existir divergencias entre el capital estatutario y el efectivamente suscrito. Sin embargo, este error o falsedad no vicia de nulidad a la sociedad, pues los causas de nulidad responden al principio de enumeración taxativa de las mismas (84).

Cuando se indique el capital por encima del mínimo legal, pero la indicación sea inexacta o incompleta, podrá corregirse el error sin ninguna consecuencia para la sociedad.

---

(82) El artículo 9.f) de la LSA señala que, en los estatutos que han de regir el funcionamiento de la sociedad, se hará constar: «... El capital social, expresando, en su caso, la parte de su valor no desembolsado, así como la forma y el plazo máximo en que han de satisfacerse los dividendos pasivos». Véase MASSAGUER FUENTES, J. «El capital nominal. Un estudio del capital de la sociedad anónima como mención estatutaria», *RGD*, n.º 550 y 51, pp. 5547 y ss.

(83) Ob. cit., p. 5549.

(84) MASSAGUER, J., ob. cit., p. 5556, entiende que en estas circunstancias podría proceder la nulidad por no haberse respetado el desembolso mínimo del artículo 12 de la LSA (art. 34.1.b *in fine* de la LSA).

Si se ha cometido falsedad, el autor de la misma será penalmente responsable (85).

El artículo 12 de la LSA dispone que no podrá constituirse sociedad alguna que no tenga su capital suscrito totalmente y desembolsado en una cuarta parte, por lo menos, el valor nominal de cada una de sus acciones. El tenor literal del precepto parece indicar que sin cumplir esta exigencia la sociedad no llega a existir. La infracción de este precepto no puede, pues, considerarse causa de nulidad de la sociedad. Jurídicamente es mucho más grave (86).

No existe sociedad cuando el capital no está totalmente suscrito y desembolsado, al menos en su cuarta parte. Sin embargo, podría por error inscribirse la escritura de constitución en el Registro Mercantil. El carácter constitutivo de esta inscripción puede hacer pensar que con ella ha nacido la sociedad. Pero la inscripción no sana los vicios del procedimiento de formación de la sociedad (87) y mucho menos puede dar existencia a una apariencia de sociedad. Habrá, pues, que proceder a la nulidad de la inscripción registral, pero esta cuestión no es ahora objeto de nuestro estudio.

Se ha criticado el precepto de la Directiva comunitaria origen del precepto de nuestra Ley de sociedades anónimas. MERIDDA (88) critica la omisión, como causa de nulidad, de la falta de mención de que se ha suscrito todo el capital social y también la falta de indicación del capital desem-

---

(85) FERRARA, F. *(Gli imprenditori,* cit., p. 371) afirma que en el caso de parcial suscripción del capital la sociedad tendrá como capital aquel efectivamente suscrito y, en tal sentido, deberá rectificarse el capital indicado en el acto constitutivo.

(86) El art. 2332 del C.c. italiano se refiere a la falta de *toda indicación* sobre el capital suscrito como causa de nulidad de la sociedad. Con esta matización la sanción de nulidad puede evitarse si el capital puede deducirse a partir de la referencia a otros elementos por medio de los cuales resulta posible calcular la cifra del capital (conociendo el número de acciones y su valor nominal se puede deducir la cifra de capital).

(87) Véase la Sentencia de 8 de julio de 1989 y el artículo 7.2 del Reglamento del Registro Mercantil.

(88) «Sulla causa de nullità delle società di capitali», *Giur. Comm.,* 1975, I, pp. 786-787.

bolsado. Otros autores (89) señalan que el legislador ha olvidado añadir como causa de nulidad el que el capital indicado sea inferior al mínimo legal exigido (90). Exigir unas u otras menciones depende de la importancia en que se tengan las mismas. Podrán valorarse unas y otras de diferente manera y, en consecuencia, proponer la inclusión de algunas que ahora no figuran en el precepto.

La aportación de capital igual o superior al mínimo legal puede mencionarse en la escritura de constitución de la sociedad con una cifra inferior a dicho mínimo. Este es un error que deberá corregirse sin ninguna consecuencia para la sociedad (91).

Como ya hemos afirmado repetidas veces, las causas de nulidad son enumeradas taxativamente y no podemos ampliar el número de las mismas. Estas manifestaciones tienen un valor crítico, pero sin trascendencia jurídica.

Pero como advierte la doctrina mayoritaria (92), cuando el capital es inferior al legalmente exigido no habrá llegado a existir sociedad anónima.

D. *Falta de la expresión del objeto social*

La acción de nulidad puede ejercitarse cuando falte la expresión del objeto social en la escritura constitutiva o en los estatutos de la sociedad.

La actividad a la que va a dedicarse la sociedad debe apreciarse con un mínimo de certeza y veracidad en el con-

---

(89) Véanse VAN OMMESLAGHE, P., «La première directive», cit., p. 658 y ss.; BORGIOLI, A., *La nullità*, cit., p. 429 y BOCCHINI, E., *I vizi*, cit., p. 277.

(90) Artículo 4 de la LSA: «El capital social no podrá ser inferior a diez millones de pesetas y se expresará precisamente en esta moneda» (ver disposición transitoria 3.ª de la Ley 19/1989).

(91) La nulidad de la sociedad inscrita no es lo mismo que la cancelación de la inscripción de la sociedad en el Registro Mercantil. Esta podrá conseguirse por causas y procedimientos distintos a los que ahora estudiamos. Como en nuestro Derecho la inscripción en el Registro Mercantil es constitutiva, deberá haber concordancia entre la nulidad de la sociedad y la cancelación de la inscripción.

(92) Véanse, entre otros, BORGIOLI, A., *La nullità*, cit., p. 429 y ss.; BOCCHINI, E., *I vizi*, cit., p. 130, y VAN OMMESLAGHE, P., «La première directive», cit., p. 658.

tenido de la escritura y de los estatutos sociales. Es más, el artículo 9.b) de la LSA exige que en ellos se determinen las actividades que integran el objeto social (93).

El objeto social es un elemento tan importante y fundamental para la sociedad, que el legislador considera que debe expresarse para la perfecta constitución de la sociedad. Pero, como ya hemos afirmado al analizar la falta de indicación en la escritura social o en los estatutos, de los demás requisitos señalados por el artículo 34.1.b) de la LSA, es muy difícil, dado el procedimiento de fundación de la sociedad anónima, que dicha falta se produzca (94). Pero si falta la expresión del objeto social la sociedad padece un vicio que puede causar su nulidad. Se trata de un vicio de forma, la falta de expresión del objeto, pues si la sociedad se constituye sin objeto sería una sociedad aparente, pero inexistente.

3. Falta de desembolso mínimo del capital legalmente previsto

El artículo 34.1.b) *in fine* de la LSA establece que será causa de nulidad el «no respetarse el desembolso mínimo del capital legalmente previsto». Por su parte, el artículo 12 de la misma Ley dispone que «no podrá constituirse sociedad alguna que no tenga su capital suscrito totalmente y desembolsado en una cuarta parte, por lo menos, el valor nominal de cada una de sus acciones» (95).

---

(93) La legislación italiana en este supuesto también habla de «toda indicación». Pero la doctrina (Borgioli, A., *La nullità*, cit., p. 406, y Galgano, F., *Società per azioni,* cit., p. 101) ha señalado que no vale cualquier indicación, que es necesaria una indicación efectiva con valor determinativo. Tiene que ser una indicación no demasiado amplia y con especificación de la categoría o rama de la actividad económica.

(94) Es casi imposible que tanto el notario como el registrador no aprecien la falta de indicación de la expresión del objeto social. Tampoco tiene ningún sentido que los socios no mencionen el objeto de la sociedad, salvo que quieran ocultar una actividad ilícita, para lo cual es más normal que indiquen un objeto social y en verdad se dediquen a otro.

(95) La Disposición Transitoria 1.ª establece que «no se autorizarán escrituras de constitución de sociedades anónimas que tengan una cifra de capital social inferior al legalmente establecido para esta forma social...».

El desembolsar la cuarta parte del capital suscrito es condición necesaria para constituir la sociedad. En consecuencia, deberá figurar que así se ha llevado a cabo en la correspondiente escritura pública que, a su vez, como es sabido, será inscrita en el Registro Mercantil en cuyo momento nace la sociedad. Por consiguiente, se podrá ejercitar la acción de nulidad cuando se pueda probar que no se ha desembolsado la cuarta parte del valor nominal de cada una de las acciones de la sociedad, como figura en la escritura (96).

García Villaverde (97) cree que el artículo 34.1.b) de la LSA no tiene por finalidad el que se respete en el momento fundacional la exigencia del capital mínimo (98). Basa su afirmación en dos razones. La primera en que las palabras «legalmente previsto» parecen referirse al desembolso y no al capital. Y la segunda en que el artículo 34 reproduce el artículo 11 de la Primera Directiva que no incluye como causa de nulidad la fundación de una sociedad con una cifra de capital por debajo de lo legalmente exigido. Nosotros también pensamos que la acción de nulidad por la causa prevista en el artículo 34.1.b), *in fine,* de la LSA, sólo procede cuando falta el desembolso «legalmente previsto».

Si no se lleva a cabo el desembolso de la cuarta parte del capital la sociedad estará descapitalizada y los acreedores carecerán de garantías. Por eso el Legislador da la oportunidad a los interesados para que insten la declaración de nulidad de la sociedad.

En relación con la Primera Directiva de la CEE en materia de sociedades Borgioli (99) opina que es irrelevante que el desembolso haya sido efectuado o no por cada socio en

(96) El artículo 22 de la LSA regula cómo debe realizarse el desembolso del capital suscrito.

(97) «Capital mínimo», en *Derecho de sociedades anónimas, I, La fundación,* Ed. Civitas, Madrid, 1991, pp. 127 a 129.

(98) Sobre el capital social mínimo, véanse Quintana Carlo, I., «El capital social», en *Reforma de la Ley de sociedades anónimas,* Ed. Civitas, Madrid, 1987, pp. 105 y ss.; Rojo-Beltrán, «El capital social mínimo. Consideraciones de política y técnica legislativa», *RDM,* 1988, pp. 149 y ss.

(99) *La nullità,* cit., pp. 438 y 439.

proporción a su aportación. Lo que importa es que la condición haya sido cumplida globalmente. Pero nuestra Ley de sociedades anónimas, en su artículo 22.1, dispone que el desembolso del veinticinco por ciento, al menos, del importe nominal será de cada una de ellas.

4. Incapacidad de todos los socios fundadores

El artículo 34.1.c) de la LSA dispone que se podrá ejercitar la acción de nulidad en el caso de incapacidad de todos los socios fundadores. Las personas que fundan una sociedad anónima deben ser jurídicamente capaces para ello (100). Los otorgantes de la escritura de constitución deben tener capacidad para contratar (101). La aplicación de las reglas generales sobre la capacidad para contratar al supuesto que nos ocupa daría por resultado la inexistencia de la sociedad (102). Los representantes legales de los incapaces pueden actuar en nombre de éstos para suplir su falta de capacidad jurídica. Pueden, pues, subsanar con su actuación el vicio de nulidad que padecerá la sociedad por la actuación directa de sus representados (103).

La incapacidad de todos los socios dará lugar a una apariencia de manifestación de voluntad, pues éstos carecen de voluntad con virtualidad jurídica. La voluntad aparente da lugar a un negocio jurídico inexistente. La Ley, sin embargo, quiere que el negocio jurídico sea considerado existente, pero nulo de pleno derecho.

Al buscar una explicación a la disposición equivalente de la Directiva comunitaria, BOCCHINI (104) afirma que la

---

(100) No debe olvidarse que pueden ser socios de una sociedad anónima tanto personas físicas como personas jurídicas.

(101) Véase el artículo 1263 del C.c.

(102) En la doctrina italiana se discute si se trata de una incapacidad natural o legal. Confróntese BORGIOLI, A., *La nullità*, cit., p. 397, y FERRI, G., «Disarmonia», cit., pp. 168 y 169. Sobre este particular en España, véase FERNÁNDEZ RUIZ, J. L., ob. cit., pp. 94 y ss.

(103) Cfr. los artículos 267, 270, 271, 443 y 1259 del C.c.

(104) *I vizi*, cit., p. 164.

falta de capacidad de todos los fundadores es causa de nulidad porque no es vista desde la perspectiva del incapaz sino desde la de los terceros; atañe a todos los socios y por eso la sociedad no puede operar en el mercado (105). Se hubiera conseguido el mismo objetivo con la aplicación de las reglas generales sobre la contratación, pero la Directiva comunitaria, para unificar las legislaciones nacionales, la considera causa de nulidad.

De la regulación de esta causa de nulidad llama la atención la exigencia de que «todos» los socios sean incapaces. Cuando la incapacidad se refiere a todos los fundadores menos uno, ya no se puede alegar esta causa de nulidad (106). Esto contradice el artículo 14.1 de la Ley de S. A. que establece que el número de socios no podrá ser inferior a tres, pues en el caso de que fueran incapaces todos los socios fundadores menos uno se contravendría la exigencia de la pluralidad de socios (107). En este caso, la sociedad puede considerarse inexistente por falta de un elemento constitutivo, o válida, pero nula de pleno derecho por infringir una norma imperativa (108).

Esta causa de nulidad, que no figuraba en la Propuesta de Directiva, pero que fue añadida por la intervención de las delegaciones italiana y francesa en la Comisión, pretende exclusivamente, según BORGIOLI (109), defender el interés de los socios incapaces. En la teoría general de los contratos la incapacidad de las partes se sanciona con la invalidez del contrato para tutelar los intereses de los incapaces eventualmente lesionados con la conclusión del contrato (110).

---

(105) FERRARA (*Gli imprenditori,* cit., p. 367) entiende que la incapacidad también puede hacerse valer como motivo de anulabilidad de las singulares aportaciones sociales.

(106) En el mismo sentido, RODRÍGUEZ ADRADOS, A., «Constitución y nulidad de la sociedad anónima», *AAMN,* 1991, T. XXX, vol. 1, p. 106.

(107) En el Proyecto de Ley no aparecía la falta de pluralidad como causa de nulidad y en el Anteproyecto, art. 31.1.5.º se sancionaba con la nulidad la falta en el acto constitutivo de la sociedad del número de socios previsto en el artículo 12.

(108) La falta de pluralidad de socios es causa de nulidad en algunos países como Italia. Véase GALGANO, F., «La società per azioni», cit., p. 103; BOCCHINI, E., *I vizi,* cit., pp. 127 y 161, y BORGIOLI, A., *La nullità*, cit., pp. 391 a 399.

(109) *La nullità*, cit., p. 283.

(110) Véase BOCCHINI, «I vizi», cit., p. 163.

Pero con la nulidad de la sociedad por incapacidad de todos los socios no se tutela a los incapaces, pues se atribuye a un tercero el poder ejercitar la acción de nulidad, aun en contra de los incapaces. Esta causa de nulidad crea una disparidad de tratamiento según sean todos o algunos incapaces (la sociedad puede funcionar salvo que todos sean incapaces). No parece, pues, que sea la defensa de los incapaces la razón de ser de esta causa de nulidad.

Cuando falta la voluntad efectiva de un socio o éste es incapaz, se produce la nulidad de su vínculo con la sociedad, pero sin atacar la subsistencia de la sociedad. Aquél queda fuera de la sociedad, pero ésta existe. El vicio o defecto de consentimiento, o la falta de capacidad en una adhesión particular, no comporta ni la inexistencia ni la nulidad de la sociedad. Cuando la participación del incapaz es esencial para la sociedad a ésta le faltará un elemento constitutivo (111). BROSETA (112) entendía que la nulidad de la declaración de voluntad de uno solo de los socios fundadores no tiene por qué originar la nulidad del acto constitutivo de la misma, a menos que su aportación sea absolutamente esencial para realizar el objeto de la sociedad. La incapacidad de uno o más socios cuya aportación sea absolutamente esencial para alcanzar el fin social puede dar lugar a la disolución de la sociedad por «imposibilidad manifiesta de realizar el fin social» (art. 260.3 de la LSA). Pero en el caso que nos ocupa se trata de la incapacidad de todos los fundadores y es lógico que sin tener en cuenta los intereses de nadie desaparezca la sociedad aparente que aquéllos crearon.

El que la incapacidad deba predicarse de todos los socios disminuye considerablemente la posibilidad de aplicación de la causa de nulidad que ahora analizamos. La interpretación estricta de las causas de nulidad procurará la permanencia de la sociedad mientras no se demuestre la incapacidad de

---

(111) Véase BROSETA PONT, M., *Manual de derecho mercantil,* Ed. Tecnos, Madrid, 1987, 7.ª ed., p. 219; ROBLES ALVAREZ DE SOTOMAYOR, A., «La nulidad de sociedades mercantiles en el derecho español», *RDM,* 1949, n.º 20, p. 225, y SIMONETTO, E., «Questioni in materia di nullità», cit., pp. 204 y 205.

(112) *Manual,* cit., 7.ª ed., p. 219.

todos los socios, con lo que el apartado c) del número 1 del artículo 34 de la LSA tendrá sólo aplicación en situaciones límite y de no fácil concurrencia.

5. Falta en el acto constitutivo de la voluntad efectiva de, al menos, dos socios fundadores en el caso de pluralidad de éstos

El artículo 34.1.d) de la LSA recoge como última causa de nulidad la falta de voluntad efectiva de, al menos, dos socios fundadores (113).

La voluntad puede estar viciada por existir error, violencia, intimidación o dolo (114). No será frecuente que una persona sea intimidada o violentada para que preste su consentimiento para ser socio de una sociedad anónima. El procedimiento de constitución de la sociedad se desarrolla entre varios sujetos y ante el Notario y después interviene el Registrador mercantil. Estas circunstancias permiten eludir con facilidad la violencia y la intimidación. Pero no será difícil inducirla por error o dolo a ser socio de una sociedad anónima. En los casos de vicios en la voluntad, los preceptos del Código civil obligan a declarar la nulidad de la sociedad (115). Pero después de constituida la sociedad, haber empezado a actuar en el tráfico mercantil y aumentado el número de sus socios, pueden descubrirse vicios en la voluntad de sus fundadores, en dos de ellos, o en todos ellos menos en dos, y habrá que averiguar

---

(113) El artículo 2332 del *Codice civile* considera causa de nulidad de la sociedad la falta de pluralidad de los fundadores. Estos términos son más claros y rotundos que los utilizados por la Primera Directiva de la CEE sobre sociedades y nuestra Legislación.

(114) Véanse los artículos 1265 a 1270 del Código civil sobre los vicios de la voluntad y de la declaración de voluntad (reserva mental, error obstativo y simulación).

(115) Según el art. 1300 del C.c., «los contratos en que concurran los requisitos que expresa el art. 1261 (consentimiento, objeto y causa) pueden ser anulados, aunque no haya lesión para los contratantes, siempre que adolezcan de alguno de los vicios que los invalidan con arreglo a la Ley». Este precepto emplea sin exactitud el término anulados, pues si el vicio invalida el contrato, éste no será anulado sino declarado nulo.

si en este supuesto la sociedad puede o no subsistir. También si la inclusión en ella de nuevos socios remedia los vicios iniciales de la constitución de la sociedad.

La doctrina más autorizada (116) considera que «los efectos de la anulación de la voluntad por vicios del consentimiento deben reducirse en este caso a la ruptura del vínculo social que ligue al socio cuya declaración de voluntad está viciada, exonerándole de sus obligaciones, restituyéndole las aportaciones realizadas e indemnizándole, si procede, de los perjuicios sufridos». Pero la nueva LSA ha establecido, como regla general, un criterio diferente y de consecuencias muy radicales. La falta de la voluntad efectiva de, al menos, dos socios fundadores, no excluye a éstos de la sociedad sino que origina la nulidad de ésta.

Voluntad efectiva en el sentido de «una declaración de voluntad creativa, seriamente emitida, con el designio de someter unos bienes que se hacen comunes a la disciplina jurídica de la sociedad, persiguiendo un fin de lucro que habrá de obtenerse mediante el desarrollo de una determinada actividad a cuyo servicio se ponen aquéllos, requisito inexcusable al que conviene la clásica denominacion de *affectio societatis* y sin cuya concurrencia no puede tenerse por producido el consentimiento ni por eficaz el negocio jurídico constitutivo de una sociedad, cualquiera que sea su forma (arts. 1665 del C.civ. y 116 del C.com.)» (Sentencia de 13 de julio de 1983).

El legislador español, al utilizar la expresión de «falta de la voluntad efectiva«, no ha querido referirse a los vicios de la voluntad sino a la simulación en la fundación de la sociedad anónima. Considera causa de nulidad la falta de voluntad efectiva de, al menos, dos fundadores para evitar que se utilicen testaferros al constituir la sociedad. Pero RODRÍGUEZ ADRADOS (117) dice que «el sentido del artículo, la restricción que supone, no es otra que la tolerancia de un socio de

---

(116) GARRIGUES, J., «Fundación de la sociedad anónima», *RDM,* 1946, I, p. 430.

(117) Ob. cit., p. 103.

complacencia, o de más de uno, siempre que al menos concurra la voluntad efectiva de dos socios, ya que en otro caso procedería la nulidad de la sociedad por simulación». De otro lado, este precepto procura la efectividad del principio de conservación de la sociedad, pues considera suficiente que dos fundadores hayan otorgado válidamente su voluntad para que la sociedad no sea nula.

El profesor BROSETA (118), al estudiar la simulación constitutiva, distingue entre simulación absoluta y simulación relativa. Existirá simulación absoluta «cuando uno, dos o varios fundadores emiten formalmente su declaración de voluntad de suscribir una o varias acciones en el momento fundacional, pero simulando una voluntad que no sienten, puesto que la emiten para producir un favor al verdadero socio único, a fin de que éste logre en el momento fundacional la pluralidad de socios que exige el artículo 12.1 de la LSA» (119). Y estaremos en presencia de una simulación relativa cuando los fundadores que otorgan la escritura de constitución «sí que desean conscientemente manifestar su voluntad de suscribir una o varias acciones», aunque su causa sea favorecer al verdadero socio único logrando alcanzar el número mínimo de tres socios que exige la LSA (120). El artículo 34.1.d)

---

(118) *Manual,* ob. cit., pp. 207 y 208.

(119) La simulación es absoluta *(simulatio nuda),* dice la Sentencia de 18 de julio de 1989, «cuando el propósito negocial inexiste por completo y la relativa que es cuando el negocio aparente o simulado encubre otro real o disimulado».

(120) SÁNCHEZ CALERO, F. (ob. cit., p. 1027) afirma que «lo relevante es que quien actúe como fundador, sea por cuenta propia o ajena, tenga la voluntad de constituir una sociedad anónima».

VICENT CHULIÁ, F. (*Compendio*, cit., 3.ª ed., pp. 417 y 418) distingue tres supuestos de simulación con respecto al número de fundadores. Primero, cuando no se cumple el requisito de tres fundadores como mínimo que exige el artículo 14.1 de la LSA. Supuesto de nulidad y no de simulación (art. 34.*d* LSA). Segundo, tres fundadores, pero uno o dos de ellos carecen de la voluntad de ser socios, pues incluso simultáneamente a la constitución de la sociedad ceden sus acciones a un solo socio. Supuesto de sociedad anónima simulada. Cualquier interesado podrá ejercitar la acción de simulación para lograr la nulidad del contrato y de la sociedad. Tercero, se cumple el requisito del artículo 14.1 de la LSA y la persona o personas que se han prestado a hacer el papel de fundadores reciben como mínimo una acción que más tarde transmiten a un solo socio. Es un negocio fiduciario. El fiduciante puede impedir que los fiduciarios ejerciten sus derechos de accionistas

de la LSA se refiere a la simulación absoluta (121). Al faltar la voluntad efectiva de, al menos, dos de los socios fundadores, sólo existirá un socio fundador y esto originará la nulidad de la sociedad, aunque en el momento de la declaración judicial de la nulidad los socios sean una pluralidad.

La expresión «en caso de pluralidad de éstos», puede referirse a la excepción de sociedad anónima creada por organismos estatales, comunitarios, provinciales y municipales (artículo 14.2 de la LSA) o a la sociedad anónima unipersonal creada por cualquiera, que figuraba en el Anteproyecto de LSA pero no en la Ley vigente. En este momento, dicha expresión debe referirse a las sociedades anónimas creadas con capital de un ente público (122).

Esta causa de nulidad no evitará la simulación, pues sigue existiendo la dificultad de demostrar que no existe la voluntad efectiva de ser fundador de la sociedad (123).

También es cierto que el problema puede verse desde la perspectiva de la creación de sociedades filiales en la que la concurrencia de dos fiduciarios resulta casi necesaria. Aplicar en este supuesto la causa de nulidad que ahora analizamos

---

sólo si demuestra la simulación, pero con ello provocaría la nulidad de la sociedad, como en el caso anterior. Vicent Chuliá concluye que, en realidad, el segundo supuesto se reconduce al tercero: no hay simulación.

(121) Este es también el parecer del profesor Sánchez Calero, F. (ob. cit., p. 1025), y estima que de ello pueden derivar graves dificultades en el caso de la fundación sucesiva.

(122) La Duodécima Directiva de la CEE en materia de sociedades toma en consideración el ejercicio individual del comercio con el beneficio de la responsabilidad limitada. Este resultado podrá lograrse con la admisión de la sociedad anónima unipersonal, la sociedad de responsabilidad limitada unipersonal o mediante la creación de la empresa individual de responsabilidad limitada.

(123) El grupo parlamentario Minoría Catalana presentó una enmienda para el punto 5.º del apartado primero del artículo 32 del Proyecto, en la que pedía que pudiera ejercitarse la acción de nulidad «por no haber concurrido en el acto constitutivo, al menos tres socios fundadores». Justificaba esta enmienda en el hecho de que la primera Directiva de la CEE exige como requisito para la fundación de la sociedad anónima un mínimo de tres socios. El Centro Democrático y Social también propuso que la cuarta causa de nulidad fuera: «Por no concurrir al acto fundacional el número mínimo de socios fundadores legalmente previsto«. Por último, la Coalición Popular pedía la supresión del artículo 32.5 del Proyecto por contradicción con el artículo 12 párrafo primero, que exigía el número de tres socios para constituir una sociedad. Todas las enmiendas fueron rechazadas.

sería altamente perturbador. En cambio, no puede decirse lo mismo si se trata de una sociedad de favor. Por eso, Sánchez Calero (124) sostiene que no puede llegarse a la conclusión de que la participación «de un fiduciario o testaferro en la fundación de una sociedad haya de considerarse (siempre) como una modalidad o subespecie de la simulación absoluta». En el caso de las sociedades filiales no estaríamos en un supuesto de simulación absoluta. En las sociedades de favor sí estaríamos en ella. El artículo 34.1.d) de la LSA se aplicará únicamente cuando existe simulación absoluta (125).

Sacristán Represa (126) considera que, de haberse cumplido el mandato del artículo 11.1.f) de la Primera Directiva en materia de sociedades, el número mínimo de fundadores sería de dos. Pero el precepto español tiene en cuenta el número insuficiente de voluntades efectivas, y no el de fundadores, como el texto comunitario (127). El legislador español piensa en la intervención de testaferros y en las sociedades de conveniencia o de favor. De este modo el artículo 34.1.d) de la LSA no coincide con su artículo 14.1 que exige un número mínimo de tres fundadores, puesto que sólo cuando el número de voluntades efectivas sea inferior a dos podrá pedirse la nulidad de la sociedad. Por tanto, si se expresasen dos voluntades efectivas de constituir la sociedad anónima, no prosperaría la acción de nulidad pues las causas de nulidad son taxativas. El artículo 34.1.d) de la LSA se refiere al momento fundacional, y puesto que la

---

(124) Ob. cit., p. 1025.

(125) «La mayoría de los autores, dice Sánchez Calero (ob. cit., p. 1026), están de acuerdo en que el testaferro u otro hombre de confianza concurre a la constitución de la sociedad por cuenta de otro, precisamente porque es necesaria su presencia por mandato legal, de tal manera que manifiesta una voluntad real y no simulada cuando suscribe en nombre propio, aun cuando sea por cuenta ajena, unas acciones de la sociedad».

(126) «Concepto y número mínimo de fundadores. Sociedad unipersonal», en *Derecho de sociedades anónimas, I, Fundación,* Ed. Civitas, Madrid, 1991, pp. 461 y ss.

(127) Sacristán Represa (ob. cit., pp. 491 y ss.) advierte que la infrapluralidad de voluntades no tiene la misma consecuencia que la producida en el número de socios.

Ley nada dice al respecto, podría darse el caso de la unipersonalidad sobrevenida sin que la sociedad pudiera ser declarada nula (128).

(128) Véase BOQUERA MATARREDONA, J., *La concentración de acciones en un solo socio en las sociedades anónimas,* Ed. Tecnos, Madrid, 1990.

V. LA NULIDAD DE LA FUSION INSCRITA

El artículo 246 de la LSA regula la acción de nulidad contra una fusión ya inscrita en el Registro (129). Esta cuestión nos interesa porque guarda relación con la nulidad de la sociedad (arts. 34 y 35 de la LSA), puesto que de la fusión puede nacer una nueva sociedad (130).

El artículo 23.1 de la Tercera Directiva del Consejo 78/855/CEE, de 9 de octubre de 1978, basada en la letra g) del

---

(129) El artículo 246 de la LSA sigue lo dispuesto por el artículo 22.1.b) de la Directiva 78/855/CEE sobre fusión de sociedades anónimas.

Sobre si estamos ante una cuestión de nulidad o impugnación véase MARTÍNEZ SANZ, F., «La nulidad de la fusión en la Ley de sociedades anónimas», *RDM,* 1990, n.º 195, pp. 66 y 67, y EMBID IRUJO, J. M., «En torno a la nulidad de la fusión y de la escisión en la nueva Ley de sociedades anónimas», *RGD,* 1990, julio-agosto, pp. 5606 y ss.

Antes de la inscripción de la fusión podrá impugnarse el acuerdo de fusión (art. 115 de la LSA) aplicándose lo dispuesto por los artículos 116 y ss. con respecto a la legitimación, caducidad, procedimiento, etc. Después de la inscripción podrá ejercitarse la acción de nulidad contra una fusión inscrita (art. 246 LSA).

(130) A efectos de la nulidad de la fusión la regulación no distingue entre la fusión por absorción y la fusión por creación de una sociedad nueva. Sobre fusión de sociedades véase: BERCOVITZ, A., «La fusión de sociedades», en *La Reforma del Derecho español de sociedades de capital,* Ed. Civitas, Madrid, 1987, pp. 631 y ss.; DUQUE, J., «La fusión en el Proyecto de reforma del Derecho de sociedades de capital y su comparación con el Derecho comunitario de la Tercera Directiva», *RDBB,* 1988, n.º 32, pp. 720 y ss.; ROJO, A., «La fusión de sociedades anónimas», en *La reforma de la Ley de sociedades anónimas,* Madrid, 1987, y SEQUEIRA, A., «La fusión y la escisión de sociedades en la CEE. Tercera y sexta Directiva», *Cuadernos de Derecho y Comercio,* 1989, n.º 5, pp. 115 y ss.

apartado 3 del artículo 54 del Tratado de Roma y relativa a las fusiones de sociedades anónimas, establece que a la fusión por constitución le son aplicables los artículos 11 y 12 de la Primera Directiva. Estos artículos regulan la nulidad de las sociedades inscritas, por lo que nos interesa saber cómo le afectan a la fusión de sociedades las causas de nulidad del artículo 34 de la LSA y la aplicación a la misma de los efectos del artículo 35 de dicha Ley.

La sociedad creada mediante fusión tiene las mismas posibilidades que las sociedades constituidas por fundación simultánea o sucesiva de incurrir en las causas de nulidad establecidas por el artículo 34.1.a) y b) de la LSA. Dice SEQUEIRA (131) que «según se trate de una fundación de sociedad o de una sociedad nacida de una fusión las soluciones diferirán, pero sin olvidar que en todo caso la nulidad de una fusión mediante la creación de una nueva sociedad no elimina sin más la posibilidad de que esta sociedad pueda verse también afectada por las causas generales que afectan a la constitución de una sociedad». La nueva sociedad puede tener un objeto ilícito, faltarle en su escritura o en sus estatutos la denominación social, la cuantía del capital, etc. En cuanto al desembolso del capital, hay que tener en cuenta que las aportaciones de los socios podrían ser las aportaciones de las sociedades que se fusionan.

La causa c) del artículo 34.1 de la LSA, por el peculiar proceso constitutivo de la sociedad nacida por fusión, no le será aplicable. La causa d) del mismo artículo tendrá aplicación si falta la voluntad efectiva de una de las sociedades fusionadas. En la fusión la voluntad constituyente es la voluntad social de las sociedades que participan en la fusión para crear la sociedad nueva; por ello, como regula el artículo 246.1 de la LSA, sólo cuando sean nulos o anulables los correspondientes acuerdos de la Junta General de accionistas de las sociedades que pretenden fusionarse se podrá ejercitar la acción de nulidad.

---

(131) «La fundación de una sociedad anónima mediante fusión por creación de una nueva sociedad», en *Derecho de sociedades anónimas, I, Fundación,* Ed. Civitas, Madrid, 1991, pp. 947 y ss.

Al igual que hemos visto con respecto a los artículos 34 y 35 de la LSA, la regulación de la acción de nulidad de la fusión ya inscrita tiene en cuenta el principio de conservación de la sociedad y la estabilidad de la sociedad ya inscrita. Sólo se puede ejercitar esta acción, como dice el artículo 246 de la LSA, en los casos de nulidad y anulabilidad de los correspondientes acuerdos de la Junta General de accionistas. Declarado nulo o anulado el acuerdo de fusión adoptado por la Junta General de accionistas, procederá el ejercicio de la acción de nulidad de la fusión (132). Además, el artículo 246.2 de la LSA establece que la nulidad «no afectará por sí sola a la validez de las obligaciones nacidas después de la inscripción de la fusión, a favor o a cargo de la sociedad absorbente o de la nueva sociedad surgida de la fusión». Mantiene las actuaciones de la sociedad posteriores a la inscripción de la fusión aunque ésta sea declarada nula. De este modo consigue que la nulidad tenga efectos desde su declaración (*ex nunc*) y evita que se aplique el efecto *ex tunc* propio de la nulidad de pleno derecho.

La legitimación activa corresponderá a los accionistas y administradores de cualquiera de las sociedades intervinientes en la fusión y a los terceros con un interés legítimo, como podrían ser los obligacionistas o los trabajadores. Hay que tener presente que para impugnar el acuerdo de fusión deberá distinguirse entre acto nulo o anulable. Como indica el artículo 117 de la LSA, si el acuerdo es nulo estarán legitimados todos los accionistas, administradores y cualquier tercero que acredite interés legítimo, mientras que si el acuerdo es anulable estarán legitimados los accionistas asistentes a la junta, en la que se acordó la fusión, que hubiesen hecho constar en acta su oposición al acuerdo, los accionistas ausentes, los ilegítimamente privados del voto, así como los administradores.

La legitimación pasiva en la acción de nulidad de la fusión ya inscrita corresponde a la nueva sociedad resultante de la fusión.

---

(132) Véase Embid Irujo, J. M., «En torno a la nulidad de la fusión y de la escisión en la nueva Ley de Sociedades Anónimas», *RGD*, 1990, julio-agosto, pp. 5605 y ss.

La nulidad de la fusión, al igual que la nulidad de la sociedad, requiere declaración judicial y la publicación de la sentencia correspondiente en el *Boletín Oficial del Registro Mercantil* (art. 246.2 de la LSA). Pero existe una importante diferencia entre una y otra. El artículo 246.1, *in fine*, de la LSA establece un plazo de caducidad de la acción de nulidad contra la inscripción de la fusión (seis meses contados desde la fecha en que la fusión fue oponible a quien invoca la nulidad) (133) que, como después veremos, no existe en el caso de la nulidad de la sociedad regulada en los artículos 34 y 35 de la LSA.

Declarada la nulidad de la sociedad constituida por fundación simultánea o sucesiva procede la disolución y liquidación de la sociedad (devolución de las aportaciones a los socios en función del activo resultante, exigencia de los dividendos pasivos para el pago de las obligaciones contraídas por la sociedad), como después veremos. Esta regla no le es aplicable a la nulidad de una fusión mediante creación de una nueva sociedad, dadas las diferencias en su procedimiento de constitución. La nulidad de la nueva sociedad nacida de la fusión exige la extinción de ésta y que renazcan las sociedades que se extinguieron por la fusión (liquidación y restitución de patrimonios). La sentencia que declara la nulidad del acuerdo de fusión llevará consigo la nulidad de la sociedad en el caso de fusión por creación de una nueva sociedad, pero en el caso de fusión por absorción no desaparecerá la absorbente.

Los patrimonios y socios de las sociedades que participaron en la fusión tienen que volver a cada una de ellas. Además, las obligaciones que haya podido contraer la sociedad producto de la fusión se repartirán entre las sociedades que vuelven a existir. Las sociedades que han intervenido en la fusión responden solidariamente de las deudas contraídas durante el tiempo transcurrido entre la inscripción de la fusión y la publicación de la sentencia de nulidad de la fusión.

---

(133) La «fecha oponible a quien invoca» se calculará para los accionistas y administradores desde la inscripción de la fusión en el Registro Mercantil y para los terceros desde la publicación en el *BORME*.

El patrimonio de la sociedad nacida de la fusión se transfiere a las sociedades que participaron en la fusión. Esta es una tarea difícil y sin regulación legal. El artículo 246.2 de la LSA únicamente establece la responsabilidad solidaria de las sociedades que participaron en la fusión cuando existan obligaciones nacidas después de la inscripción de la fusión a cargo de la sociedad absorbente o de la nueva sociedad. La seguridad del tráfico exige esta solución, pues a estas sociedades ha revertido ahora el patrimonio de la sociedad nacida de la fusión. Creemos que podrá acordarse que cada sociedad responda en proporción al valor de su patrimonio.

La nulidad de la fusión está regulada en otros países comunitarios. En Holanda en el artículo 323 del libro II del Código civil. En Francia mediante la Ley n.º 88-17 de 5 de enero de 1988 relativa a las fusiones y escisiones de sociedades mercantiles. En Portugal por medio del artículo 117 del *Código das sociedades*. En Alemania en virtud del parágrafo 353.1 del *AKtG*.

VI. LA CLAUSULA DE EXCLUSION DEL ARTICULO 34.2 DE LA LSA

El artículo 34.2 de la Ley de sociedades anónimas dispone, al igual que el último párrafo del artículo 11 de la Primera Directiva sobre sociedades, si bien con diferencias terminológicas no significativas, que «fuera de los casos enunciados en el párrafo anterior no podrá declararse la inexistencia, ni la nulidad, ni tampoco acordarse su anulación» (134).

Esta regla, la fundamental en la regulación de la nulidad de pleno derecho de las sociedades anónimas, suscita en su aplicación graves problemas, aunque sea difícil *a priori* preverlos todos.

Tratar los vicios considerados de anulación como de nulidad no suscita grave dificultad porque de las calificaciones

---

(134) El Proyecto de Ley para la Reforma parcial y adaptación de la Legislación Mercantil a las Directivas de la Comunidad Económica Europea en materia de sociedades (*Boletín Oficial de las Cortes Generales. Congreso de los Diputados*, III Legislatura, de 22 de abril de 1988, n.º 80-1) decía, en su artículo 32, párrafo segundo, que «fuera de los casos enunciados en el párrafo anterior no podrán declararse la *inexistencia,* ni la *nulidad* absoluta o *relativa* de la sociedad». La Ley 19/1989, de 25 de julio, establecía que «fuera de los casos enunciados en el párrafo anterior no podrá declararse la inexistencia, ni la nulidad, ni la anulabilidad de la sociedad». El Anteproyecto de texto refundido de la Ley de sociedades anónimas en su art. 34.2 establece que «fuera de los casos enunciados en el apartado anterior no podrá declararse la inexistencia ni la nulidad de la sociedad». Finalmente, el precepto en vigor ha quedado como lo hemos reproducido en el texto. Sus precedentes demuestran alguna vacilación en cuanto a lo finalmente decidido.

legales derivan diferentes consecuencias jurídicas. Cuando se dispone que lo que se consideraba vicio de anulación sea considerado vicio de nulidad, cambian por voluntad del Legislador las consecuencias jurídicas. Podrán hacerse consideraciones sobre si el cambio resultará conveniente o inconveniente, pero no se suscitarán dificultades en cuanto a su aplicación.

Pero la inexistencia de la sociedad, como hemos visto a lo largo del trabajo, tiene su origen en la falta de alguno de sus elementos esenciales. La Ley ha convertido supuestos de inexistencia en causas de nulidad. Esta conversión explícita de la inexistencia en nulidad, aunque acientífica, tampoco suscitará problemas. Pero pueden existir casos de inexistencia sobre los que el artículo 34.1 de la LSA nada haya dicho. Según el artículo 34.2 de la misma Ley en estos casos no se podrá declarar la inexistencia de la sociedad. Con una fórmula legal genérica se consigue violentar la naturaleza misma de las cosas.

Tampoco cabe ampliar la enunciación legal de las causas de nulidad con la alegación de que, en un determinado supuesto, estaremos ante un supuesto de anulabilidad y no de nulidad (135).

Las cláusulas de exclusión exigen una interpretación y aplicación estricta del precepto que las contiene. Esto nos permite precisar los casos en que aquélla será aplicable. Las causas de nulidad de pleno derecho de la sociedad no pueden aplicarse a las sociedades en formación, ni a las sociedades irregulares. Unas y otras podrán ser declaradas inexistentes cuando les falte algún elemento esencial. Por ejemplo, la sociedad que no conste en escritura pública o figure en ésta pero no esté inscrita en el Registro Mercantil, puede ser declarada inexistente. Al no serles aplicables el artículo 34.1 de la LSA y tampoco les es aplicable el número 2 de este precepto.

El artículo 34.2 de la LSA queda al margen de las normas que establecen la disolución de la sociedad anónima.

---

(135) Sánchez Calero, F., ob. cit., p. 1018.

Sánchez Calero (136) considera que el artículo 34.2 de la LSA es una norma de cierre riguroso y de difícil aplicación dada la imprecisión terminológica existente en esta materia.

La dicción de la cláusula de exclusión es rotunda y terminante. No permite interpretaciones que den lugar a alguna excepción en cuanto a su aplicación.

---

(136) Ob. cit., p. 1017.

VII. LA ACCION DE NULIDAD

La LSA, en su artículo 34, se refiere a las causas de nulidad y, en el artículo 35, a los efectos de la declaración de nulidad. La única referencia a la acción de nulidad se hace en el párrafo 1.º del artículo 34 cuando dice: «Una vez inscrita la sociedad, la acción de nulidad sólo podrá ejercitarse por las siguientes causas:...». No regula, pues, el ejercicio de la acción de nulidad. Se omite toda indicación respecto a la legitimación para ejercerla, a su prescripción o a cualquier otra cuestión referente a ella. Problemas que, sin embargo, merecen nuestra atención.

Lo que el citado precepto establece rotundamente es que la nulidad tiene que ser comprobada y declarada judicialmente, pues la acción de nulidad se ejercita ante el Juez (137).

1. Legitimación activa y pasiva

Por lo que respecta a la legitimación activa, existe disparidad de pareceres sobre quiénes pueden ejercitar la acción de nulidad. Pueden reunirse en dos grupos: el primero está compuesto por aquellos que entienden que la acción de nulidad puede ser ejercitada por los socios, y el segundo está formado

(137) Véase BROSETA PONT, M., *Manual*, cit., p. 208.

por aquellos que mantienen que la legitimación para el ejercicio de la acción corresponde a cualquier interesado.

GARRIGUES (138) y BORGIOLI (139) afirman que sólo los socios tienen interés en la nulidad de la sociedad, por lo que sólo los accionistas tienen legitimación para ejercitar la acción de nulidad.

Los acreedores sociales no tienen interés en la declaración de nulidad, dice BORGIOLI (140), porque ésta no incide sobre su posición. El patrimonio social responde siempre de las deudas sociales.

Los acreedores particulares de los socios tampoco tienen ningún interés legítimo para poder pedir la declaración de nulidad. Para satisfacer sus créditos contarán con otros medios (141). La acción de nulidad se establece para resolver problemas relativos a la constitución y estructura de la sociedad, no para solucionar la lesión de los intereses de los acreedores particulares.

VICENT CHULIÁ (142) afirma que la Ley deja sin regular la acción o acciones para instar la declaración judicial de nulidad y dichas acciones pueden ser fundamentalmente dos. La acción de nulidad por inexistencia o ilicitud de uno de los elementos esenciales del contrato de sociedad o por infracción de una norma imperativa del procedimiento de fundación, y la acción de anulabilidad por vicios del consentimiento de los socios que, individualmente, determinen una causa de nulidad. Si se ejercita la acción de nulidad. Si se ejercita la acción de nulidad. Si se ejercita la acción de nulidad estarán legítimados tanto los socios como los terceros, pero sí se ejercita la acción de anulabilidad sólo podrán ejercitarla los afectados por el vicio del consentimiento o sus causahabientes (art. 1300 C.c.).

---

(138) *Comentarios*, cit., p. 184.
(139) *La nullità*, cit., pp. 266 y 480 y ss.
(140) *La nullità*, cit., p. 481.
(141) Véase BORGIOLI, *La nullità*, cit., pp. 483 y 484.
(142) *Compendio*, cit., 3.ª ed., p. 416.

Para GALGANO (143), HOUIN RODIERE (144), HUBRECHT (145) y EIZAGUIRRE (146) cualquiera que tenga un interés legítimo puede pedir la declaración de nulidad de la sociedad anónima y está legitimado para ejercitar la acción de nulidad. SÁNCHEZ CALERO (147) apoya esta misma tesis en el artículo 1302 del C.c. El que tengan interés unos u otros es cuestión secundaria y habrá que probarlo en cada caso. Lo importante es el establecer una regla general y ésta, de acuerdo con la lógica, no puede ser otra que la legitimación activa de todos los que demuestren interés en la nulidad de la sociedad (148). La Sentencia de 18 de julio de 1989 dice que para ejercitar la acción de nulidad «la legitimación es amplia».

Si sólo estuvieran legitimados los socios podría perpetuarse una sociedad anónima con objeto ilícito o descapitalizada (149).

Los socios pueden tener intereses contradictorios: unos pueden desear que la sociedad sea declarada nula mientras que otros pueden querer que la sociedad perdure (150).

---

(143) «La società per azioni», cit., p. 104.

(144) *Droit commercial*, Ed. Sirey, París, 1978, 6.ª ed., T. I., p. 178.

(145) *Notions essentielles de droit commercial*, cit., p. 140.

(146) «La sociedad nula», cit., p. 265.

(147) Ob. cit., p. 1029.

(148) En el caso de incapacidad de todos los socios fundadores, estarán legitimados para actuar los representantes legales de los incapacitados.

(149) En el Derecho alemán los terceros no están legitimados para ejercitar la acción de nulidad. Solamente pueden ejercitar dicha acción los socios, los administradores y los miembros del Consejo de vigilancia.

En Francia la demanda de nulidad puede ser interpuesta por todo interesado, al igual que en Holanda, Bélgica y Luxemburgo. En el Derecho francés los terceros pueden utilizar la acción de nulidad para negar la existencia de la sociedad e invocar la responsabilidad personal de los socios. Los acreedores particulares de los socios pueden hacer valer la nulidad de la aportación, eliminar la autonomía patrimonial de la sociedad y satisfacer su crédito con la aportación.

Véase JUGLART, M.-IPPOLITO, B., *Cours de Droit Commercial*, Ed. Montchrétien, París, 1968, 3.ª ed., vol. II, p. 141.

(150) EIZAGUIRRE, J. M. («La sociedad nula», cit., p. 335) se plantea si a los socios que participaron en la producción de la causa de nulidad podría vedárseles el ejercicio de la acción en virtud del principio *contra factum propium quis venire non potest*.

La doctrina (151) coincide en que no se trata de una acción pública y por tanto no puede ser ejercitada por el Ministerio fiscal y en que los socios no podrán prevalecerse de la acción de nulidad contra los terceros. No podrán alegar la nulidad de la sociedad para incumplir las obligaciones asumidas por la sociedad frente a terceros (152).

Por lo que respecta a la legitimación pasiva hay que decir que la ostenta la sociedad. En ningún caso los socios fundadores son los legitimados pasivos en la acción de nulidad contra la sociedad anónima. La demanda de nulidad se formulará contra la sociedad que conserva la capacidad procesal y se personará en el proceso por medio de su representante legal.

Puede existir un administrador-representante de la sociedad que a su vez sea parte demandante en la acción de nulidad. En este caso lo conveniente será que la junta general de la sociedad nombre a otro representante entre sus administradores. Si esto no se llevara a cabo, por aplicación analógica del artículo 117.3 de la LSA, el Juez nombrará a la persona que ha de representar a la sociedad en el proceso de entre los accionistas que hubieran intervenido en la constitución de la sociedad.

2. Prescripción

Las personas legitimadas para ejercitar la acción de nulidad puede que ejerciten o no su derecho. No es conveniente que la sociedad esté sometida a la incertidumbre de una posible acción de nulidad por un largo periodo de tiempo.

---

(151) Véanse entre otros, GARRIGUES, J., *Comentarios*, cit., p. 184; BORGIOLI, A., «Art. 2332 Cc: pubblico ministerio con licenza di agire», *Giur. comm.,* 1979, II, p. 744 y *La nullità*, cit., p. 486; GALGANO, F., «Societá per azioni», cit., p. 104 y *I negozio giuridico*, cit., p. 266 y SIMONETTO, E., «La nuova stesura», *Riv. D. Civ.*, 1974, cit., pp. 341 y 342.

(152) Véanse, entre otros, GORÉ, F., *Droit des affaires. Structures juridiques de l'enterprise, Sociétés, groupements d'entreprises*, Ed. Montchrétien, París, 1977, p. 197; HOUIN, R.-RODIÈRE, R., *Droit commercial*, cit., p. 348 y HUBRECHT, G., *Notions essentielles de droit commercial*, Ed. Sirey, París, 1972, 4.ª ed., p. 140.

Por ello conviene establecer un plazo de prescripción para dicha acción. Sobre esto y sobre cuál debe ser dicho plazo la doctrina está muy dividida y sus posiciones dependen de las reglas vigentes en los diversos países.

La doctrina italiana (153) entiende que la acción de nulidad es imprescriptible (artículo 1422 C.c. italiano), pues mientras subsista la causa de nulidad es justo que pueda ejercitarse dicha acción. No existen límites temporales para la acción de nulidad. La doctrina francesa (154) mantiene que la acción de nulidad prescribe a los tres años a contar desde el día en que la causa de nulidad ha sido descubierta (en virtud del artículo 367 de la Ley de 1966), excepto en el caso de la nulidad por ilicitud del objeto social, porque ese vicio tiene carácter continuo. En Alemania, la acción de nulidad debe ejercitarse dentro de los tres años a partir de la inscripción de la sociedad (parágrafo 275 *AktG*). Después de estos tres años las causas de nulidad pueden ser apreciadas de oficio por parte del *Registerrichten* como causa de disolución.

En la doctrina española, GARRIGUES (155) afirma que por aplicación del artículo 947 del Código de comercio la acción de nulidad prescribe a los tres años de la fecha de inscripción de la sociedad en el Registro Mercantil. SÁNCHEZ CALERO (156) mantiene que la acción de nulidad prescribirá a los cuatro años por aplicación del artículo 1301 del C.c. EIZAGUIRRE (157) y FERNÁNDEZ RUIZ (158) creen que la acción de nulidad es imprescriptible. VICENT CHULIÁ (159) sostiene que si se ejercita la acción de nulidad no existe plazo de prescripción por faltar norma específica que la señale en la LSA. Pero si se ejercita la acción de anulabilidad tendré un plazo de prescripción de cuatro años (art. 1301 C.c.).

---

(153) Véase BORGIOLI, A., *La nullità*, cit., p. 266, y ANGELICI, C., *La società nula*, cit., p. 279.
(154) Véase HUBRECHT, G., *Notions essentielles*, cit., p. 140, y GORÉ, F., *Droit affaires*, cit., p. 196.
(155) *Comentarios*, cit., p. 185.
(156) Ob. cit., p. 1029.
(157) «La sociedad nula», cit., p. 336.
(158) Ob. cit., p. 110.
(159) *Compendio*, cit., 3.ª ed., p. 416.

El artículo 947 del C.com. y el artículo 1301 del C.c. no son de aplicación a la acción de nulidad. El primero se refiere a «las acciones que asisten al socio contra la sociedad o viceversa» y ya hemos dicho que están legitimados para ejercitar la acción de nulidad todos los interesados en la desaparición de la sociedad. Además dicho precepto sólo se aplica cuando se trata de «la separación del socio, su exclusión, o la disolución de la sociedad». El segundo establece un plazo de cuatro años para el ejercicio de la acción de nulidad por vicios de la voluntad que originan la falta de la misma (intimidación, violencia o dolo), o de la causa, como el error o la falsedad. Los supuestos del artículo 1301 del C.c. están cerca de los que toma en consideración el artículo 34.1.c) y d) de la LSA, pero el objetivo de la Ley de sociedades anónimas vigente, por imperativo del Derecho Comunitario Europeo, es tratar todas las causas de su artículo 34.1 como vicios determinantes de la nulidad de la sociedad. En el orden procesal la nulidad de pleno derecho tiene como consecuencia, mientras no se disponga lo contrario, la imprescriptibilidad de la acción para lograr esta declaración. Pero el citado precepto del Código civil muestra el deseo de establecer un plazo para el ejercicio de acciones aun cuando falte la voluntad en los negocios jurídicos o su causa esté gravemente viciada. Puede, pues, considerarse que por la misma razón el plazo para el ejercicio de la acción de nulidad es el de cuatro años. Solución que es concorde con la disminución o eliminación de la eficacia retroactiva de la nulidad de conformidad con el deseo de la Directiva comunitaria. Pero existen causas, como la ilicitud del objeto de la sociedad, que justificarían la imprescriptibilidad de la acción de nulidad. Cabe, pues, propugnar una inversión de la regla antes deducida: El plazo para el ejercicio de la acción de nulidad de la sociedad anónima será de cuatro años, salvo que, por la naturaleza de la causa de nulidad, la acción deba ejercitarse en cualquier momento (160).

---

(160) Esta es también la tesis de la Sentencia de 18 de julio de 1989 con respecto a la aportación del capital. Después de recordar que la S.A. es una sociedad de capital *intuitu pecuniae*, por lo que exige como elemento esencial común la

VIII. LA DECLARACION DE NULIDAD

1. Procedimiento

A tenor del artículo 35 de la LSA es imprescindible que la nulidad se declare mediante sentencia. Por tanto, la declaración de nulidad sólo es posible conseguirla en juicio y declararla es facultad exclusiva de los Tribunales (161). Como señala SÁNCHEZ CALERO (162), no cabe la declaración de nulidad por acuerdo de los socios, aunque éstos, ante la amenaza de una acción de nulidad, pueden reunirse en Junta General y acordar la disolución de la sociedad, con lo que conseguirán unos efectos similares (apertura del período de liquidación).

La Ley de sociedades anónimas no dispone cuál será el procedimiento a seguir para declarar la nulidad de la sociedad anónima. El artículo 481 de la Ley de Enjuiciamiento civil establece que «toda contienda judicial entre partes que no tenga señalada en esta Ley tramitación especial será ventilada y decidida en el juicio ordinario declarativo que co-

---

constitución de un fondo común, afirma «la intemporalidad o imprescriptibilidad de aquellas acciones que persiguen la destrucción de lo *simulado* y el prevalecimiento de la realidad con el desenmascaramiento del negocio de ficción efectuado».

(161) Véase el artículo 11.1 de la Primera Directiva en materia de sociedades.

(162) «La sociedad nula», en *Derecho de sociedades anónimas, I, Fundación,* Ed. Civitas, Madrid, 1991, pp. 1009 y ss.

rresponda» por razón de la cuantía (163). Pero cuando la cuantía sea indeterminada el procedimiento a seguir será el juicio de menor cuantía, pues el artículo 484.4 de la LEC dispone que se decidirán en el juicio de menor cuantía «cualquier tipo de demanda para la que no se disponga otra cosa».

Si existiera pluralidad de demandas dirigidas a pedir la declaración de nulidad, podrán ser acumuladas produciéndose un litisconsorcio activo. El Tribunal competente será aquél en cuya circunscripción tenga su sede la sociedad anónima.

El artículo 12 de la Primera Directiva en materia de sociedades establece que la oposición a terceros de una resolución judicial cuando esté prevista por el derecho nacional sólo será admisible durante un plazo de seis meses a contar desde el momento de la publicación de dicha resolución.

En el Derecho francés, el Decreto n.º 69-117, de 24 de diciembre de 1969, añade un artículo 253.1 al Decreto 67-236, de 23 de marzo de 1967, sobre sociedades comerciales, que establece: «La tercería contra las decisiones que decretan la nulidad de una sociedad sólo será admisible durante un plazo de seis meses a contar desde la fecha de publicación de la decisión judicial en el Boletín Oficial de anuncios comerciales». Una solución similar sigue la legislación luxemburguesa. Esta posibilidad no ha sido prevista por nuestra LSA.

2. Efectos de la declaración de nulidad

A. *Efectos generales de la sentencia*

La sentencia que declara la nulidad de la sociedad anónima tiene carácter constitutivo, efectos *erga omnes* y abre la liquidación de aquélla (art. 35.1 de la LSA) (164).

---

(163) Véase el artículo 482 y ss. de la LEC.

(164) Véanse, entre otros, Garrigues, J., *Comentarios,* cit., pp. 185 y 186; Broseta Pont, M., *Manual,* cit., p. 208; Vicent Chuliá, F., *Compendio,* cit., 2.ª ed., pp. 265 y 266; Uría, R., *Derecho Mercantil,* cit.; Borgioli, A., *La nullità,* cit., p. 487, y Van Ommeslaghe, P., «La première directive», cit., p. 661.

La sentencia deberá ser inscrita en el Registro Mercantil (165). Como indica el párrafo 1.º del artículo 7.º del Reglamento del Registro Mercantil, «los asientos del Registro están bajo la salvaguardia de los Tribunales y producirán todos sus efectos mientras no se inscriba la declaración judicial de inexistencia o nulidad».

Debe darse publicidad a la decisión judicial que declara o pronuncia la nulidad de la sociedad anónima (166). La publicidad es necesaria para garantizar la seguridad en el tráfico mercantil y evitar perjuicios a terceros. Pero el artículo 22.2 del C.com. (167) no hace ninguna referencia a la obligación de inscribir las sentencias que declaren la nulidad de los actos que deben inscribirse en la hoja abierta a la sociedad anónima. La manera, por consiguiente, de atender la necesidad de publicidad sería acogerse a lo que dispone el artículo 21.1 del C.com., «los actos sujetos a inscripción sólo serán oponibles a terceros de buena fe desde su publicación en el *Boletín Oficial del Registro Mercantil*». La nulidad de la sociedad anónima no será oponible a los terceros de buena fe a no ser que se inscriba en el Registro Mercantil y desde su publicación en el *Boletín Oficial del Registro Mercantil.*

Sería oportuno proceder a la anotación preventiva de la demanda de nulidad de la sociedad anónima para dar mayor garantía a los terceros que se relacionan con la sociedad.

---

(165) En Alemania la sentencia que declara la nulidad debe ser inscrita en el Registro de comercio y tiene eficacia *erga omnes.* También la sentencia tiene eficacia *erga omnes* en Francia, Bélgica, Luxemburgo y Holanda.

(166) Véanse, entre otros, HUBRECHT, G., *Notions essentielles de droit commercial,* cit., p. 140, y GOLDMAN, B.-LYON-CAEN, A., *Derecho comercial europeo,* cit., p. 173.

(167) Modificado por la Ley 19/1989, de 25 de julio, de Reforma parcial y adaptación de la legislación mercantil a las Directivas de la Comunidad Económica Europea (CEE) en materia de sociedades. El artículo 21.1.º del Proyecto (sobre la reforma del Registro Mercantil) decía que «en la hoja de inscripción de cada sociedad mercantil se inscribirá: 1.º. Las escrituras de constitución de la sociedad, así como las de modificación de los estatutos sociales, incluida la prórroga de la sociedad, el aumento y la reducción del capital, y la rescisión, disolución, transformación, fusión o escisión de la sociedad, y las sentencias firmes que declaren la nulidad de los mencionados actos». Ha desaparecido, pues, en el artículo vigente la referencia a la inscripción de la declaración de nulidad que figuraba en el Proyecto.

El Reglamento del Registro Mercantil, en su artículo 208, regula la anotación preventiva de la demanda de disolución de la sociedad y, en sus artículos 155 y 156, la anotación preventiva de la demanda de impugnación de los acuerdos sociales. Aunque no existe obligación legal de anotar preventivamente la demanda de nulidad de la sociedad, sería aconsejable dicha anotación por aplicación de los propósitos que informan los preceptos citados.

Las legislaciones italiana, belga y luxemburguesa exigen que la sentencia que declare la nulidad nombre a los liquidadores de la sociedad anónima. El artículo 35.1 de la LSA no impone este nombramiento, pero indica que la sentencia de nulidad de la sociedad abre la liquidación de la misma, que se seguirá por el procedimiento previsto en la Ley para los casos de disolución (168).

El artículo 35.2 de la LSA regula los efectos de la declaración de nulidad. Debemos distinguir los efectos con respecto a la sociedad, los socios y los terceros.

A continuación estudiamos en apartados diferentes los efectos de la declaración de nulidad sobre unos y otros.

B. *Efectos de la declaración de nulidad sobre la sociedad*

La sociedad anónima, en la cual se ha apreciado una causa de nulidad, funciona y conserva su estructura organizativa. Incluso, como veremos, hasta la declaración judicial de nulidad, puede adoptar el acuerdo de subsanar la causa de nulidad. Durante este tiempo se desenvolverá como una sociedad constituida regularmente.

La sentencia que declare la nulidad de la sociedad abre su liquidación, que deberá seguir el procedimiento señalado para los casos de disolución en la LSA (art. 35.1). Esto

---

(168) En Alemania también se equipara la nulidad a la disolución, pues aquélla pone a la sociedad en liquidación. Esta se efectúa según las reglas de la liquidación consiguiente a la disolución (par. 277 *AktG).* Igual sucede en Portugal.

ha llevado a la doctrina (169) a mantener que la nulidad produce los mismos efectos, opera o actúa como una causa de disolución. Pero esto no es del todo exacto. La nulidad produce los efectos que la Ley ha previsto para ella y como el principal es la desaparición de la sociedad, resulta necesario hacer efectiva aquélla y esto se consigue mediante el procedimiento de disolución. Por eso el artículo 35.1 de la LSA dice con toda exactitud que la declaración judicial de la nulidad de la sociedad «abre su disolución». Con la sentencia se inicia el procedimiento de liquidación de la sociedad (170). La declaración de nulidad de la sociedad anónima no tiene el efecto restitutorio típico de la declaración de nulidad del contrato (art. 1303 C.c.) (171).

La declaración de nulidad de la sociedad no origina la nulidad de todos sus actos. Como pone de relieve la Sentencia de 18 de julio de 1989 por el juego de los artículos 3 del Registro Mercantil y 67 de la Ley de sociedades anónimas, la nulidad equivale a «disolución». Esto elimina el efecto retroactivo de la declaración de nulidad. Por esto se mantienen los acuerdos sociales adoptados por la sociedad antes de declararse su nulidad. Pero esta conclusión no tiene carácter absoluto. La declaración de nulidad no tiene efectos retroactivos en cuanto a la vida de la sociedad, pero puede tenerlos en relación con los derechos y obligaciones de sus socios y de terceros. De estas dos cuestiones nos ocuparemos a continuación.

---

(169) Véanse, entre otros, HUBRECHT, G., *Notions essentielles de droit commercial*, cit., p. 140; SALANDRA, V., «La nullità della società», cit., p. 16; FERRARA, F., *Gli imprenditori*, cit., pp. 248 y 369; GOLDMAN, B., «La nullité des sociétés», cit., p. 67; BORGIOLI, A., *La nullità*, cit., p. 506; SIMONETTO, E., «La nuova stesura dell'art. 2332», cit., p. 341; VERRUCOLI, P., «La nullité de l'acte constitutif de la société par actions en Italie», *ADC*, 1964, p. 6; GALGANO, F., «La società per azioni», cit., p. 98; GARRIGUES, J., *Comentarios*, cit., p. 185, y SÁNCHEZ CALERO, F., ob. cit., p. 1012.

(170) GRAZIANI y PORZIO, citados por BOCCHINI (*I vizi*, cit., p. 36, nota 42) manifiestan que la nulidad y la disolución son términos contradictorios. El primero excluiría al segundo en particular en la permanencia de los órganos sociales que caracteriza la liquidación.

(171) Véase la Sentencia de 18 de julio de 1989. Esta Sentencia declara la nulidad de la sociedad, pero rechaza la pretensión de la actora de que le fuera restituida su aportación no dineraria y dispone la apertura del período de liquidación de la sociedad.

C. *Efectos de la declaración de nulidad sobre los socios*

El artículo 12.4 de la Segunda Directiva de la CEE en materia de sociedades dejaba a la legislación de cada Estado miembro el cuidado de regular los efectos de la nulidad entre socios. Pero la LSA española nada dice explícitamente respecto de los efectos de la declaración de nulidad en el interior de la sociedad, es decir, con respecto a los socios (172). Mientras que el artículo 35.2 de la LSA salva las obligaciones y créditos de los terceros anteriores a la declaración de nulidad de la sociedad, nada dice con respecto a las obligaciones y derechos de los socios en relación con ésta. Creemos, sin embargo, que la nulidad de la sociedad puede afectar a los efectos jurídicos nacidos de las relaciones de los socios con la sociedad.

La declaración de nulidad de la sociedad tiene por consecuencia la desaparición de ésta para los socios con efectos *ex tunc.*

Declarada la nulidad de la sociedad, el patrimonio social queda vinculado a los fines sociales hasta que se satisfagan íntegramente las deudas de la sociedad. Una vez liquidadas las deudas sociales, el patrimonio será repartido entre los socios según las normas de liquidación. Pero el artículo 35.3 de la LSA se limita a decir que «cuando el pago a terceros de las obligaciones contraídas por la sociedad declarada nula así lo exija, los socios estarán obligados a desembolsar sus dividendos pasivos» (173). Esto demuestra que declarada la

---

(172) En Francia las relaciones entre los socios vienen reguladas por el artículo 1844.15 del C.c. y el artículo 368 de la L. 1966. GOLDMAN y LYON-CAEN *(Derecho comercial europeo,* cit., p. 173) afirman que la nulidad podría ser retroactiva frente a los socios, en el sentido de que el reparto del resultado de la liquidación se haría, según el Derecho común, proporcionalmente a las aportaciones, incluso si el pacto social lo hubiera derogado.

(173) Véase el artículo 12.5 de la Segunda Directiva de la CEE, el artículo 2332 del C.c. italiano y el parágrafo 277 de la *AktG.*

El artículo 47 del *Código das Sociedades* portugués establece que el socio que obtiene la anulación del contrato tiene derecho a recibir lo que aportó y no está obligado a completar su aportación social, pero que la anulación del contrato por vicios de la voluntad o usura no libera, frente a terceros, de la responsabilidad que por ley le corresponde en cuanto a las obligaciones de la sociedad anteriores al registro de la acción o de la sentencia.

nulidad de la sociedad, los socios no quedan liberados de sus obligaciones para con ella. Estas se mantienen hasta que sean satisfechas a los terceros las deudas contraídas con ellos por la sociedad (174).

La Primera Directiva de la CEE sobre sociedades insinúa o manifiesta, pero no decide, que la nulidad no debe tener efectos retroactivos. La LSA no establece ninguna regla general al respecto, pero al disponer que la declaración de nulidad abre la disolución elimina, como hemos dicho, el efecto retroactivo de la misma en cuanto a la sociedad. Pero esta conclusión tampoco puede ser absoluta y habrá que distinguir entre las consecuencias para terceros y para los socios. La LSA dispone explícitamente que para los terceros tendrá efectos *ex nunc*. Pero la declaración judicial de nulidad obligará a los socios a reponer las cosas al estado en que estaban antes de nacer la sociedad, tanto entre ellos como con respecto a la sociedad que se extingue. Por consiguiente, para los socios tendrá los efectos propios de la nulidad, que no son otros que la desaparición *ex tunc* de todas las consecuencias jurídicas.

Si la sociedad debe satisfacer sus deudas y los socios todavía no han realizado la aportación debida, los liquidadores pueden exigírsela e incluso limitarla a lo necesario para satisfacer a los acreedores [artículo 272.e) de la LSA] (175).

Los socios fundadores causantes de la nulidad responden ante los restantes socios y ante los terceros, por los perjuicios que a unos y otros les haya causado la nulidad de la socie-

---

(174) Véanse, entre otros, GALGANO, F., «Società per azioni», cit., p. 98; DE MATO, G., *L'impresa in particolare quella commerciale,* Edizione dell'ateneo, Roma, pp. 189 y 190; ARENA, A., «Contributo allo studio dell'invalidità», cit., p. 286; BORGIOLI, A., *La nullità*, cit., p. 172; GOLDMAN, B., LYON-CAEN, A., *Derecho comercial europeo,* cit., p. 173; FERRARA, F., *Gli imprenditori e la società*, cit., p. 248; GRAZIANI, A., MINERVI, G., *Manuale di diritto commerciale,* Ed. Morano, Napoli, 1972, p. 104, y FERRI, G., *Manuale di diritto commerciale,* Ed. UTET, Torino, 1976, p. 324.

(175) HUBRECHT, G. *(Notions essentielles,* cit., p. 101) y HOUIN, R. y RODIÈRE, R. *(Droit commercial,* cit., p. 141) manifiestan que los socios estarán dispensados de efectuar sus aportaciones si el contrato de sociedad no ha producido efectos. Y si las hubieran realizado recuperarán sus aportaciones.

dad (176). Aquéllos deberán indemnizar los daños y perjuicios originados a éstos. El artículo 18 de la LSA dispone que «los fundadores responderán solidariamente frente a la sociedad, los accionistas y los terceros, de la realidad de las aportaciones sociales... de la constancia en la escritura de constitución de las menciones exigidas por la Ley y de la exactitud de cuantas declaraciones hagan en aquélla». Los promotores responderán del mismo modo que los fundadores, según dispone el artículo 32 de la LSA, de, entre otras cuestiones, por los desembolsos iniciales exigidos en el programa de fundación y de la veracidad de las declaraciones contenidas en dicho programa. La responsabilidad de los fundadores causantes de la nulidad de la sociedad será solidaria. Pero, según QUIJANO (177), el fundador incapaz o sin voluntad efectiva será exonerado individualmente de responsabilidad.

En los supuestos de nulidad de la sociedad inscrita, que hasta entonces ha participado en el tráfico mercantil con aparente normalidad, la presunción de validez, que le proporciona la inscripción en el Registro Mercantil (art. 7 RRM), justifica la responsabilidad limitada de los socios por las deudas sociales, pues los terceros recibieron siempre la impresión de relacionarse con una sociedad anónima debidamente constituida (178). Por tanto, a pesar de la nulidad, se mantiene el régimen de responsabilidad de los socios.

«Los socios, dice SÁNCHEZ CALERO (179), tras la sentencia de nulidad, mantendrán su *status* jurídico dentro de una sociedad en liquidación. Por consiguiente, tendrán el derecho de información (art. 273), podrán participar en las Juntas generales de la sociedad en liquidación (art. 271), tendrán derecho a exigir la responsabilidad de los liquidadores

---

(176) Véanse, entre otros, GARRIGUES, J., *Curso,* cit.; BORGIOLI, A., *La nullità,* cit., p. 167, y HUBRECHT, G., *Notions esentielles de droit commercial,* cit., p. 140. La legislación francesa regula con precisión la responsabilidad de los socios causantes de la nulidad (véanse los artículos 370, 432 y 433 de la Ley 1966).

(177) «Responsabilidades derivadas del proceso fundacional», en *Derecho de sociedades anónimas, I, Fundación,* cit., p. 433.

(178) Véase ALONSO UREBA, A., «La sociedad en formación», en *Derecho de sociedades anónimas, I, Fundación,* cit., p. 597.

(179) Ob. cit., p. 1028.

(art. 279) y, en su caso, tendrán también derecho a la cuota de liquidación».

D. *Efectos de la declaración de nulidad de la sociedad para los terceros*

La nulidad de un acto jurídico lo hace desaparecer *ab initio.* La aplicación de este principio a la nulidad de la sociedad anónima perjudicaría a los terceros que contrataron con la sociedad. Por ello el párrafo 2.º del artículo 35 de la Ley señala que «la nulidad no afectará a la validez de las obligaciones o de los créditos de la sociedad frente a terceros ni a los contraídos por éstos frente a la sociedad, sometiéndose unas y otros al régimen propio de la liquidación».

La declaración de nulidad de la sociedad no perjudica la eficacia de los actos de la sociedad anónima con respecto a los terceros, por lo que para éstos la nulidad opera *ex nunc,* no tiene efectos retroactivos (180). Realmente lo que se denomina nulidad, la LSA lo regula para los terceros como anulabilidad. Desde el momento de la declaración de nulidad se pone fin a la vida social activa y se obliga a la liquidación de la sociedad (181), pero se mantienen los derechos y obligaciones de la sociedad para con los terceros que nacieron con anterioridad.

---

(180) En Italia, Francia, Bélgica, Holanda, Luxemburgo y Portugal la declaración de nulidad tiene efectos *ex nunc* y la liquidación se realiza conforme a las disposiciones previstas por sus respectivos ordenamientos para la liquidación de la sociedad.

Es regla común a todos estos ordenamientos jurídicos extranjeros el que la declaración de nulidad no invalida los actos celebrados en nombre de la sociedad con terceros.

(181) Sobre esta cuestión, la doctrina es unánime. Véanse, entre otros: FERRARA, F., *Gli imprenditori,* cit., pp. 248 y 369; FERRI, G., *Manuale,* cit., p. 324; GALGANO, F., «La società per azioni», cit., p. 98; GARRIGUES, J., *Comentarios,* cit., p. 185; URÍA, R., *Derecho Mercantil,* cit., p. 201; GOLDMAN, B., LYON-CAEN, A., *Derecho comercial europeo,* cit., p. 173; ARENA, A., «Contributo allo studio dell'invalidità del contratto sociale e della sopravivenza della società», *Riv. della soc.,* 1970, p. 286; DE MAIO, G., *L'impresa in particolare quella commerciale*, Edizione dell'atteneo, Roma, 1953, pp. 189 y 190; JAUFFRET, A., *Manuale de droit commercial,* cit., p. 121; HOUIN, R. y RODIERE, R., *Droit commercial,* cit., p. 741, y GORE, F., *Droit des affaires des commerçants,* cit., p. 197.

Respecto al momento hasta el cual son válidos los actos y contratos sociales con terceros existe disparidad de opiniones. Para URÍA (182) la nulidad no afectará a los actos y contratos celebrados por la sociedad con anterioridad a la iniciación del procedimiento de disolución. Para GARRIGUES (183) sólo subsisten los contratos celebrados por la sociedad antes de la fecha de presentación de la demanda de nulidad. ROBLES ÁLVAREZ DE SOTOMAYOR (184) entiende que hasta el momento en que se declare la nulidad de la sociedad las relaciones contraídas con terceros de buena fe son válidas.

Esta última tesis, pero más amplia, es también la de BORGIOLI (185) que da argumentos en favor de la misma. Son válidos no sólo los actos celebrados antes de la presentación de la acción de nulidad, sino también los celebrados durante el curso del proceso porque si no se dañarían los intereses de terceros que no pueden saber de la existencia de un juicio de nulidad. Además, según este autor (186), la conservación de los actos de la sociedad opera de manera objetiva. Se prescinde del estado subjetivo de buena o mala fe del tercero, del socio o de los miembros de los órganos sociales.

Con la regulación vigente sobre la nulidad de la sociedad anónima resulta claro que subsisten los derechos y obligaciones de la sociedad con los terceros hasta que una sentencia firme declara su nulidad. La declaración judicial de la nulidad es la que separa el antes y el después de los vínculos de la sociedad con los terceros. Sólo a partir de la declaración judicial de su nulidad la sociedad dejará de poder crear y ser parte de efectos jurídicos. Pero esta conclusión hay que relacionarla con la consecuencia derivada de la regla según la cual la declaración de nulidad inicia el procedimiento de disolución de la sociedad. Después de la declaración de su

---

(182) *Derecho Mercantil,* cit., p. 201.

(183) *Comentarios,* cit., p. 186.

(184) «La nulidad de sociedades mercantiles en el Derecho español», *RDM,* 1949, n.º 20, p. 225.

(185) *La nullità*, cit., pp. 429 a 499.

(186) *La nullità*, cit., p. 500.

nulidad la sociedad conserva su personalidad jurídica al solo efecto de su disolución (187). Cuando finaliza la liquidación, la sociedad se extingue. No puede haber prórroga de la sociedad nula después de llevarse a cabo la disolución por declaración de nulidad, pues se volvería a la situación antijurídica que la sentencia puso de manifiesto. Esta quizá sea la mayor peculiaridad de la nulidad en el ámbito del Derecho Mercantil.

La extinción se inscribirá en el Registro Mercantil de conformidad con lo dispuesto en el artículo 212 de su Reglamento.

(187) SÁNCHEZ CALERO, F., (ob. cit., p. 1028) dice que la sociedad continúa viva con el propósito limitado de efectuar la liquidación de la sociedad.

IX. LA CONVALIDACION DE LA SOCIEDAD NULA

Se discute si el acto o negocio jurídico nulo puede o no convalidarse (188).

Las legislaciones francesa, alemana, holandesa e italiana regulan la posible convalidación de la sociedad nula. Los legisladores de estos países han querido facilitar la permanencia y conservación de la sociedad dados los intereses económicos en juego, tanto nacionales como particulares, ya que la empresa es un ente generador de riqueza y de trabajo. La Ley de sociedades anónimas española no prevé la posibilidad de subsanar las causas de nulidad de la sociedad, pero existen preceptos en nuestro Derecho que también procuran la permanencia de la sociedad y de los que puede deducirse la posible convalidación de algunos de los vicios que ocasionan la nulidad de las sociedades anónimas (189).

El párrafo 3.º del artículo 3 del recientemente derogado Reglamento del Registro Mercantil decía que «la nulidad no podrá ser declarada cuando su causa haya desaparecido en virtud de nueva inscripción». Esto implicaba acuerdos

---

(188) Véase Díez-Picazo, L., *Fundamentos,* cit., p. 315.

(189) El artículo 115.3 de la LSA regula la eliminación de las causas de impugnación de los acuerdos sociales cuando hayan sido dejados sin efecto o sustituidos válidamente por otros. Esta regla y otras análogas pueden utilizarse para intentar subsanar los vicios de nulidad de las sociedades anónimas.

que hubieran subsanado las causas de nulidad. El vigente Reglamento del Registro Mercantil no es tan explícito sobre el particular, pero puede obtenerse la misma conclusión a partir de los principios de su artículo 7.º. Por tanto, si la naturaleza de la causa de nulidad lo permite, puede subsanarse el vicio origen de la nulidad mediante la modificación del acto constitutivo inscrito en el Registro Mercantil. Además, como indica MASSAGUER (190), la nulidad de la sociedad «no opera *ipso iure* sino cuando la sentencia adquiere fuerza de cosa juzgada, de donde se sigue que, hasta entonces, la sociedad conserva su personalidad jurídica, los órganos sociales su capacidad de actuación y, por ello, debe admitirse la sanación de la causa de nulidad...». También «por aplicación analógica de los principios vigentes en materia de disolución de la sociedad, entre los que figura la posibilidad de remover una causa de disolución» (191).

En el Registro Mercantil se inscriben los estatutos y la escritura de constitución de la sociedad. La junta general de la sociedad puede remediar los vicios de los estatutos sociales mediante acuerdo que los modifique con la eliminación de aquéllos (192). Cuando el vicio radique en la escritura social será necesario el acuerdo de todos los accionistas (193). Como dice FERNÁNDEZ RUIZ (194), «esto es inviable en las sociedades anónimas de gran número de accionistas». En este caso habría una posibilidad jurídica de convalidación, pero en algunos casos una imposibilidad práctica.

El «derecho» a obtener la declaración de nulidad de una sociedad anónima desaparece cuando la mayoría de los socios

---

(190) Ob. cit., p. 5559.

(191) Sobre la llamada revocación de la disolución o reactivación de la sociedad existen tres posiciones. Los que afirman su posibilidad, los que la admiten sólo en algunos casos y los que la niegan. Lo que se dice en el texto refleja la primera tesis. Véase BELTRÁN, E., *La disolución de la sociedad anónima,* Ed. Civitas, Madrid, 1991, pp. 54 a 63.

(192) Véase GARRIGUES, J., *Comentarios,* cit., pp. 184 y 185. Este autor exceptúa de esta solución la ausencia de la mención relativa al capital social y a su división en acciones. VICENT CHULIÁ, F., *Compendio,* cit., 2.ª ed., p. 265, también opina que la corrección de dichos vicios es difícil.

(193) Véase VICENT CHULIÁ, F., *Compendio,* cit., 2.ª ed., p. 265.

(194) Ob. cit., p. 115.

de la misma hayan suprimido la causa de nulidad existente en los estatutos con el acuerdo tomado en la Junta General e inscrito en el Registro o cuando hayan acordado la disolución de la sociedad. También cuando todos los socios modifiquen la escritura social. La declaración de nulidad sería inútil por haberse subsanado la causa de nulidad (195).

Es unánime el parecer de que la subsanación de los estatutos debe realizarse mediante acuerdos de la Junta General convocada y reunida para tal fin con el *quorum* legal necesario para la reforma de los estatutos (196). Es decir, se modificarán los estatutos por medio del procedimiento previsto para la actuación de la Junta General de la sociedad (197). El acuerdo

---

(195) BORGIOLI, A. *(La nullità*, cit., p. 530 a 533) señala que cabría la posibilidad de que la sociedad se transformara en otra sociedad si cumple los requisitos legalmente exigidos o incluso fusionarse a otra sociedad. Esto nos parece excesivo pues estamos ante una sociedad que ha incurrido en una causa de nulidad.

VICENT CHULIÁ (*Compendio*, cit., 3.ª ed., p. 417) afirma que el Juez debería fijar plazo para regularizar la sociedad, mediante acuerdo de la Junta General, si el vicio de nulidad afecta a una mención estatutaría por la aplicación analógica del artículo 115.3-2 de la LSA.

(196) Véanse, entre otros, COTTINO, G., *Diritto commerciale,* Ed. CEDAM, Padova, 1976, vol. I, p. 560; DE MAIO, G., *L'impresa in particolare quella commerciale,* cit., p. 190; FERRI, G., *Manuale di diritto commerciale,* cit., p. 324; ANGELICI, C., *La società nulla,* cit., pp. 188 y 199; SIMONETTO, E., «La nuova stesura dell'art. 2332», cit., pp. 341 y 342; SALANDRA, V., *Manuale di diritto commerciale,* cit., p. 261; RODRÍGUEZ MARTÍNEZ, J. D., «La sociedad en proceso de fundación...», cit., pp. 208 y 209; GARRIGUES, J., *Comentarios,* cit., p. 184, y VICENT CHULIÁ, F., *Compendio,* cit., 2.ª ed., p. 265.

(197) En Alemania existe un plazo de tres meses para la subsanación que se realizará cumpliendo los requisitos necesarios para las modificaciones de los estatutos (par. 276 *AktG*). Son vicios subsanables la falta de indicación de sede social, del objeto y de la composición de la dirección. Son vicios insubsanables las menciones sobre el capital, el importe de las acciones y los derechos relativos a las distintas categorías de acciones (parágrafo 275 al 2 *AktG*). La Ley prevé que quien intenta la acción de nulidad debe prejudicialmente pedir a la sociedad que sane el vicio modificando el acto constitutivo.

En Italia la subsanación se produce por modificación estatutaria adoptada por la Junta General inscrita en el Registro de Empresas (art. 2332.4 C.c.).

En la legislación francesa existe una regulación detallada sobre la «regularización» de la sociedad nula (arts. 362 a 366 de la Ley de 1966). La Ley da soluciones para que no se produzca la nulidad de la sociedad. Por ello se establece que puede pedirla todo interesado comprendido el Ministerio fiscal y que cuando el vicio ha sido reparado antes de que el Tribunal se haya pronunciado sobre la demanda en primera instancia desaparece el objeto de la acción de nulidad excepto en el supuesto de que la demanda se haya interpuesto basada en la ilicitud del

de proceder a la subsanación de la causa de nulidad se tomará por mayoría. La mayoría puede reconstruir, integrar o sustituir un acto que ha nacido viciado sobreponiéndose a la voluntad de la minoría (198). La subsanación se produce no por la voluntad de todos los socios sino por la de la mayoría (199).

Con la subsanación no se repite el acto viciado, sino que se sustituye por otro con su mismo contenido (200). Puesto que se quiere conservar la sociedad hay que eliminar o sustituir los elementos viciados que impiden la existencia de la sociedad y añadir los que necesita.

Distinto de la convalidación de la sociedad es su novación. Cuando no sea posible una sanatoria a través de una modificación del acto constitutivo o recurriendo a la transformación de la sociedad anónima en otro tipo, para el cual la Ley no exija los requisitos que le faltan y ocasionan su nulidad, se obtendrá análogo resultado mediante la repetición o la revocación en forma regular de aquellos actos o elementos del procedimiento de constitución cuya falta provocó la nulidad (201).

Hay que tener presente que algunas causas de nulidad, como pueden ser la incapacidad de todos los socios fundadores, la falta de voluntad efectiva de, al menos, dos de los socios fundadores o la falta del desembolso mínimo le-

---

objeto social (véase el art. 362). El Tribunal puede fijar de oficio un plazo antes del juicio para reparar la nulidad y no podrá pronunciar la nulidad hasta dos meses después de la fecha de la notificación introductoria (art. 363). La convocatoria y celebración de una Junta General puede reparar los vicios e impedir la nulidad de la sociedad. Confróntese: BARRAINE, R., *Droit commercial,* Ed. Librairie Générale de droit et de jurisprudence, París, 1964, 2.ª ed., p. 120; GORÉ, F., *Droit des affaires des commerçants,* cit., pp. 196 y ss.; HOUIN, R. y RODIERE, R., *Droit commercial,* cit., p. 141, y HUBRECHT, G., *Notions essentielles,* cit., p. 140.

(198) SIMONETTO, E., «La nuova stesura dell'art. 2332», cit., pp. 341 y 342.

(199) Véanse, entre otros, BORGIOLI, A., *La nullità*, cit., pp. 527 a 533, y ANGELICI, C., *La società nulla,* cit., p. 275.

(200) BORGIOLI, A. (*La nullità*, cit., pp. 527 a 533) afirma que se modifica el acto para conservar la sociedad, no se subsana el acto constitutivo en sí y por sí, sino directamente la sociedad. Por ello la subsanación se realiza por medio del acuerdo social (Derecho de sociedades) y no por un acto negocial (materia contractual).

(201) BORGIOLI, A., *La nullità*, cit., pp. 530 y 531.

galmente previsto, no pueden ser eliminadas por modificación estatutaria, pero pueden convalidarse de la manera que a continuación exponemos.

La falta de desembolso mínimo puede subsanarse realizando el desembolso de la cantidad requerida antes de que la nulidad sea declarada.

La incapacidad de todos los socios fundadores y la falta de la voluntad efectiva requiere que dichos vicios desaparezcan, que se preste el consentimiento con la capacidad y voluntad idónea para obligarse y formar la sociedad anónima. Por ello, en el caso de la falta de voluntad efectiva, será necesario encontrar a otra persona que efectivamente consienta en ser socio de la sociedad anónima y si los socios son incapaces sustituirlos por personas capaces.

Respecto al momento en que ha de llevarse a cabo la subsanación, algunos autores afirman que debe ser antes de finalizar el juicio. Hasta que exista la sentencia que declare la nulidad de la sociedad pueden subsanarse los vicios que originan la nulidad. GARRIGUES (202) señala que para paralizar la acción de nulidad bastará el simple hecho de haberse convocado la Junta. Mantiene este autor que la acción de nulidad puede enervarse si la Junta se convoca después de plantearse la demanda a condición de que no haya precedido un requerimiento del socio solicitando la convocatoria de la Junta para subsanar la nulidad habiéndose desatendido tal requerimiento. También BORGIOLI (203) cree que la sanatoria puede producirse cuando esté en tramitación la causa para la declaración de nulidad, pero también cuando haya sido dictada la sentencia mientras ésta no sea firme. El efecto extintivo de la sociedad sólo se produce cuando tiene lugar el efecto de cosa juzgada de la sentencia. Hasta ese momento existe la posibilidad de convalidar la sociedad.

VICENT CHULIÁ (204) afirma que el acuerdo de convalidación podrá adoptarse incluso tras pronunciarse la sentencia

---

(202) *Comentarios,* cit., pp. 184 y 185.
(203) *La nullità*, cit., pp. 530 a 533.
(204) *Compendio,* cit., 2.ª ed., p. 266.

de nulidad, pues puede ocurrir que la sociedad se niegue a hacerlo antes por considerar que la demanda de nulidad carece de fundamento.

La nulidad no puede ser declarada si el vicio ha sido subsanado antes de finalizar el juicio. Pero cuando se haya pronunciado la sentencia de nulidad no podrá subsanarse la causa de nulidad porque la sociedad ya habrá sido declarada nula con valor de cosa juzgada y la subsanación sería contraria al principio de cosa juzgada. Desde que se presenta la demanda de nulidad hasta que se obtenga la sentencia habrá existido tiempo suficiente para, si se desea, subsanar la causa de nulidad. La declaración judicial de nulidad de la sociedad abre necesariamente su liquidación.

La subsanación tiene efecto *ex tunc* (205). Se eliminan las causas de nulidad no desde el momento de la inscripción del acuerdo de modificación en el Registro, sino desde el momento del nacimiento de la sociedad.

La posibilidad de subsanación dará lugar a que en contadas ocasiones se declare la nulidad de la sociedad anónima. La acción de nulidad sólo prosperará cuando, como dice GARRIGUES (206), la sociedad se niegue rotundamente a poner los medios para subsanar el motivo de nulidad.

---

(205) Véanse, entre otros, SALANDRA, V., *Manuale di diritto commerciale,* cit., p. 261, y SIMONETTO, E., «La nuova stesura dell'art. 2332», cit., p. 344.

(206) *Comentarios,* cit., p. 185.

X. LA NULIDAD DE LA INSCRIPCION REGISTRAL Y LA SOCIEDAD DECLARADA NULA

El acto de constitución de la sociedad anónima elevado a escritura pública se presenta en el Registro Mercantil para que el Registrador lo califique y proceda a su inscripción. Cuando exista algún defecto que pueda hacer incurrir a la futura sociedad en alguna causa de nulidad, lo normal será que el Registrador deniegue la inscripción. Si el vicio fuera subsanable, el Registrador deberá ponerlo en conocimiento de la persona o personas que solicitaron la inscripción de la escritura para que, si lo desean, subsanen el defecto (207). Pero resulta posible que la sociedad con un vicio de nulidad sea inscrita. La inscripción no subsana los vicios de nulidad de la sociedad (208). Además, la sociedad inscrita se presume válida. Pero cuando una sentencia judicial firme declare que la sociedad es nula, deberá inscribirse en el Registro Mercantil, puesto que los asientos del Registro están bajo la salvaguardia de los Tribunales y producirán sus efectos mientras no se inscriba la declaración de su inexactitud o nulidad (art. 7.1 del RRM).

Lo anterior suscita diversas cuestiones. Primera, si resulta posible anotar en el Registro Mercantil la interposición de la demanda de nulidad; segunda, quién ordena la nulidad de la inscripción de la sociedad declarada nula; tercera, desde cuándo tendrá eficacia la nulidad de la inscripción.

Respecto a la posibilidad de la anotación preventiva de la demanda de nulidad ya hemos afirmado que, aunque nada

---

(207) Téngase presente que se podrá pedir la responsabilidad de quienes intervinieron en el procedimiento de fundación y permitieron la existencia del vicio.

(208) Véase el artículo 20.2 del Código de comercio y el artículo 7.2 del Reglamento del Registro Mercantil.

dice la ley, resulta aconsejable la anotación preventiva de dicha demanda, pues la sociedad puede seguir estableciendo relaciones con terceros y a éstos les conviene conocer que la sociedad puede llegar a desaparecer del panorama jurídico-económico en un plazo no muy largo.

Sobre la segunda cuestión, quien debe ordenar la inscripción en el Registro Mercantil de la sentencia que declara la nulidad de la sociedad anónima, está claro que, en virtud del artículo 35 de la LSA, serán los Tribunales. Pero en relación con esta cuestión se plantean otras. ¿La declaración de nulidad de la inscripción puede hacerse en la misma sentencia que declara la nulidad de la sociedad? ¿La declaración de nulidad de la inscripción puede inscribirse en el Registro Mercantil a la vez que la nulidad de la sociedad anónima que abre la disolución de la sociedad? Para esto tiene que seguirse el procedimiento previsto por la LSA, que implica que la sociedad se liquidará y después se extinguirá tras la cancelación de su inscripción en el Registro. La sentencia que declare la nulidad de la sociedad puede también declarar la nulidad de su inscripción registral, pero el juez debe enviar al Registro una orden de cancelación de la inscripción declarada nula, si bien debe indicar que la cancelación tendrá lugar cuando finalice la liquidación de la sociedad. Puede ser suficiente la declaración de disolución por nulidad.

La declaración de nulidad de la inscripción, como dispone el artículo 20.2, *in fine,* del C.com. y el artículo 8.1 del RRM, no perjudicará los derechos de terceros de buena fe adquiridos conforme a Derecho.

Al inscribir la sociedad, el Registrador puede incurrir en un error de transcripción o en una inexactitud con respecto a la escritura que dé lugar a una de las causas de nulidad del artículo 34 de la LSA. En este caso, el error o la inexactitud se subsanarán con una rectificación de la inscripción (209), pues comprobado el error o la inexactitud de la inscripción y siendo posible su rectificación, sería extremadamente grave por desproporcionado tener que solicitar de los Tribunales la nulidad de la sociedad.

---

(209) Véase el artículo 40 del RRM, los artículos 211 a 220 de la Ley Hipotecaria y los artículos 314 a 331 del Reglamento Hipotecario.

En relación con los efectos de la nulidad de la inscripción de la sociedad y teniendo en cuenta el carácter taxativo de las causas de nulidad que enumera la Ley, RODRÍGUEZ ADRADOS (210) suscita una cuestión muy importante. Del artículo 20.1 del Código de comercio se deduce que los asientos registrales pueden ser judicialmente declarados inexactos o nulos. Declarada la nulidad de la inscripción, con ella desaparece la sociedad, pues la inscripción registral es constitutiva. A través de la nulidad de la inscripción puede echarse por tierra todo el régimen de nulidad de la sociedad que se asienta sobre el principio del carácter taxativo de las causas de nulidad. «Todas las causas de nulidad de la escritura pública, añade el autor citado, conforme al artículo 27 y concordantes de la Ley del Notariado, podrán, a través de la nulidad de la inscripción, eliminar la nueva normativa, con su elenco taxativo de causas de nulidad». Por eso concluye que a la doctrina y jurisprudencia corresponde una labor esencial para evitar que se imponga por este camino indirecto un sistema de *numerus apertus,* contrario totalmente al espíritu de la Primera Directiva y a lo que el legislador ha intentado establecer (211).

---

(210) Ob. cit., p. 117.

(211) El régimen de la nulidad de las sociedades anónimas establecido por los artículos 34 y 35 de la LSA se aplica, con excepciones o salvedades, a las sociedades de responsabilidad limitada. El artículo 6.º.2 de la LSRL dispone que se aplicará la sección cuarta del capítulo segundo de la LSA «al régimen de la nulidad de las sociedades de responsabilidad limitada». La causa contenida en el artículo 34.b) *in fine,* de la LSA no es aplicable a la sociedad de responsabilidad limitada porque en ésta no se exige ningún desembolso mínimo de las participaciones sociales, sino su desembolso total (art. 3 de la LSRL). La causa d) del artículo 34 (voluntad efectiva de, al menos, dos socios) no planteará las dificultades que hemos visto en relación con la sociedad anónima, pues en la sociedad de responsabilidad limitada el número mínimo de socios es de dos.

El artículo 32 de la LSRL dispone que para su liquidación «se estará a lo dispuesto en la escritura de constitución y en el Código de comercio». En consecuencia, la remisión del artículo 35.1 de la LSA al procedimiento previsto en la misma para los casos de disolución no será aplicable a las sociedades de responsabilidad limitada.

A la sociedad comanditaria por acciones, en virtud del artículo 152 del C. com., también le será aplicable el régimen de nulidad establecido en la LSA. Respecto a este tipo de sociedades hay que tener presente que debe haber al menos un socio colectivo y un socio comanditario y que la incapacidad de todos los socios colectivos es causa de disolución de la sociedad (art. 157 del C. com.). Por ello lo establecido en el artículo 34.1.c) de la LSA será incompatible con lo dispuesto en la sección cuarta del Libro II del Código de comercio y por tanto inaplicable (art. 152 del C. com.). Igualmente hay que tener presente que para aplicar la letra d) del artículo 34 de la LSA a las sociedades comanditarias por acciones deberá entenderse que uno de los dos socios será colectivo y el otro comanditario.

BIBLIOGRAFIA

ABBADESSA, P.
«Nullità della società per mancanza dell'atto constitutivo», *RDC,* 1974, II, 172.

ALBADALEJO, M.
Derecho civil, Barcelona, 1970, T. I.

ALONSO UREBA, A.
«La sociedad en formación», en *Derecho de sociedades anónimas, I, Fundación,* Ed. Civitas, Madrid, 1990, pp. 515 y ss.

ANGELICI, C.
La società nulla, Ed. Giuffrè, Milano, 1975.

ARENA, A.
«Contributo allo studio dell'invalidità del contratto sociale e della sopravivenza della società», *Riv. soc.,* 1970, pp. 280 y ss.

ARNABOLDI, P.

«Osservazioni circa la portata dell'elemento formale nelle società di capitali e l'esistenza de irregolari di detto tipo», *Corti Brescia, Venezia e Trieste,* 1952, 15, espec. p. 25.

ASCARELLI, T.
Appunti di diritto commerciale, Ed. Foro italiano, Roma, 1933, 2.ª ed.

AULETTA, G.
Elementi di diritto commerciale, Ed. Giuffrè, Milano, 1964, 2.ª ed.

AULETTA, G.-SALANITRO, N.
Diritto commerciale, Ed. Giuffrè, Milano, 1977.

BARRAINE, R.
Droit commercial, Ed. Librairie générale de Droit et de jurisprudence, París, 1964, 2.ª ed.

BELTRÁN, E.
La disolución de la sociedad anónima, Ed. Civitas, Madrid, 1991.

BERCOVITZ, A.
«La fusión de las sociedades anónimas», en *La Reforma del Derecho español de sociedades de capital,* Ed. Civitas, Madrid, 1987, pp. 631 y ss.

BOCCHINI, E.
I vizi della costituzione e la nullità della società per azioni, Ed. Dott Eugenio Jovene, Napoli, 1974.
«Il problema della tassativita delle cause di nullità nella società per azioni», *Riv. soc.,* 1975, p. 126.

BOISTEL, A.
Précis du cours de droit commercial, Ed. Ernest Thoris, París, 1876.

BORGIOLI, A.
La nullità della società per azioni, Ed. Giuffrè, Milano, 1977.
«Art. 2332 Cc. pubblico ministero con licenza de agire», *Giur. comm.,* 1979, II, p. 744.

BROSETA PONT, M.
Manual de derecho mercantil, Ed. Tecnos, Madrid, 1990, 8.ª ed.
«Determinación e indeterminación del objeto social en la Ley y en los Estatutos de las sociedades anónimas españolas», *RDN,* 1970, pp. 9 y ss.

BRUNETTI, B.
«Sulle nuove norme in tema di società commerciali», *Riv. not.,* 1970, pp. 565 y ss.

CLARET, P.
«Nulidad de la sociedad anónima», *RGD,* 1974, pp. 76 y ss.
«Los otorgantes de la escritura fundacional de la sociedad anónima», *RGD,* 1947, pp. 322 y ss.

COTTINO, G.
Diritto Commerciale, Ed. CEDAM, Padova, 1976, vol. I.

CURTO, J. M.-ISLA, P.
Comentarios a la nueva regulación de la sociedad anónima, Ed. EISIC, 1990.

DE BENITO, J.
Derecho Mercantil, Ed. Reus, Madrid, 1922.

DE CASTRO Y BRAVO, F.
El negocio jurídico, Ed. Civitas, Madrid, 1985, Reedición 1991.

DE GREGORIO, A.
Corso di diritto commerciale (Imprenditore e società), Ed. Dante Alighieri, Roma-Napoli-Città di Castello, 1973, 3.ª reimpresión de la 7.ª ed.

DE LA CÁMARA, M.
Estudios de Derecho Mercantil, Ed. de Derecho Financiero, Editoriales de Derecho Reunidas, Jaén, 1977, vol. I.
«Fundación: escritura y estatutos. Suscripción y desembolso», en *La reforma del Derecho de sociedades de capital,* Madrid, 1987, pp. 61 y ss.

DE LOS MOZOS, J. L.
«La inexistencia del negocio jurídico», *RGLJ,* 1960, pp. 643 y ss.

DE MAIO, G.
L'impresa in particolare quella commerciale, Ed. Edizioni dell' ateneo Roma, 1953.

DE PINA VARA, R.
Elementos de Derecho Mercantil Mexicano, Ed. Porrúa, S.A., México, 1979, 11.ª ed.

DI AMATO, A.
«Procedimento di iscrizione delle modifiche dell'atto costitutivo delle società per azioni e inanmissibilità del ricorso per cassazione», *Giust. civ.,* 1971, I, 1076.

DÍAZ-ECHEGARAY, J.
Fundación de la sociedad anónima, Madrid, 1990, 2.ª ed.

DÍEZ-PICAZO, L.
Fundamentos de Derecho Civil patrimonial, Ed. Tecnos, Madrid, 1983, vol. I.

DI FABIO, M.
«In tema di nullità delle società», *Riv. Not.,* 1970, pp. 627 y ss.

DUQUE DOMÍNGUEZ, J.
«Escritura, estatutos y límites a la libertad estatutaria en la fundación de sociedades anónimas», en *Derecho de sociedades anónimas, I, Fundación,* Ed. Civitas, Madrid, 1991, pp. 15 y ss.

EIZAGUIRRE, J. M.
«La sociedad nula», en *La Reforma del Derecho español de sociedades de capital,* Ed. Civitas, Madrid, 1987, pp. 2 y ss.

ELIZCHEVITCH, B.-TAGER, P.-NOLDE, B.
Traitè de droit civil et commercial, Ed. Libraire générale de droit, París, 1930, T. II.

EMBID IRUJO, J. M.
«El capital social: El principio del capital mínimo, régimen de las aportaciones sociales y prohibiciones en materia de distribución de beneficios», en *El Nuevo Derecho de las Sociedades de Capital,* Ed. Trívium, Cap. III, pp. 83 y ss.
«La validez de las obligaciones sociales», en *Reforma de la Ley de sociedades anónimas,* Ed. Civitas, Madrid, 1987, pp. 61 y ss.
«En torno a la nulidad de la fusión y de la escisión en la nueva Ley de Sociedades Anónimas», *RGD,* 1990, julio-agosto, pp. 5605 y ss.

ESPÍN CÁNOVAS, D.
«La nulidad en el Derecho civil», en *Estudios homenaje a Royo Villanova,* Madrid, 1977, pp. 231 y ss.

FERNÁNDEZ RUIZ, J. L.
La nulidad de la sociedad anónima en el Derecho Comunitario y en el Derecho español, Ed. Civitas, Madrid, 1991.

FERRARA, F.
Empresarios y sociedades, Ed. Revista de Derecho Privado, Madrid.
Gli imprenditori e le società, Ed. Giuffrè, Milano, 1984, 6.ª ed.

FERRARI, S.
«Inestenzia e nullitá del negozio giuridico», *Riv. trim. dir. proc. civ.,* 1958, p. 514.

FERRI, G.
«Disarmonia della legge di armonizzazione», *RDC,* 1970, I, p. 167.
Manuale di diritto commerciale, Ed. UTET, Torino, 1976, 4.ª ed.

FORMIGGINI, A.
I vizi del consenso del contratto di società, Ed. Giuffrè, Milano, 1952.

FRANCESCHELLI, R.
«Nullità per illiceità dell'oggetto di società di capitali registrate? (Per una nuova interpretazione dell'art 2332 n.º 4 cc. come modificalo)», *Giur com.,* 1979, I, 786.

FROMMEL, S. N.
«Il diritto inglese delle società e il suo adattamento al diritto delle comunità europee», *Riv. soc.,* 1972, pp. 657 y ss.

GALGANO, F.
«Il negozio giuridico», in *Trattato di diritto civile e commerciale,* Ed. Giuffrè, Milano, 1988.
«La società per azioni», in *Trattato di diritto commerciale e di diritto pubblico dell'economia,* Ed. CEDAM, Padova, 1988, vol. 7.º, 2.ª ed.

GARCÍA-TUÑÓN, A. M.
«Denominación y domicilio social», en *Derecho de sociedades anónimas, I, Fundación,* Ed. Civitas, Madrid, 1991, pp. 205 y ss.

GARCÍA VILLAVERDE, R.
«La constitución y el capital de las sociedades en la CEE. Primera y segunda directrices», en *Tratado de Derecho Comunitario Europeo,* Ed. Civitas, Madrid, 1986, T. III, pp. 203 a 268, y en *Cuadernos de Derecho y Comercio,* n.º 5, junio, 1989, pp. 31 y ss.
«Capital mínimo», en *Derecho de sociedades anónimas, I, Fundación,* Ed. Civitas, Madrid, 1991, pp. 111 y ss.

GARRIDO DE PALMA, V. M.
«La ineficacia de la sociedad anónima después de su inscripción. La llamada nulidad de la sociedad anónima. Consecuencias de la misma», en *Las Sociedades de Capital conforme a la nueva legislación,* Ed. Trívium, Madrid, 1989, pp. 151 a 161.

GARRIGUES, J.
Comentario a la Ley de Sociedades Anónimas, Madrid, 1976, T. I.
«El consentimiento y el objeto en el contrato de sociedad mercantil», *RDM,* 1946, II, pp. 429 y ss.
«Fundación de la sociedad anónima», *R.D.M.,* 1946, I, pp. 430 y ss.

«Teoría general de las sociedades mercantiles», *RDM,* 1974, n.º 132-133, pp. 239 y ss.
Curso de Derecho Mercantil, Madrid, 1976, 7.ª ed., T. I, pp. 343 a 347 y 435 y 436.

GHIDINI, M.
Extinzione e nullità delle società commerciali, Ed. CEDAM, Padova, 1937.

GIRÓN TENA, J.
Derecho de sociedades, Madrid, 1976.
Las sociedades irregulares, Madrid, 1951.

GOLDMAN, B.
«La nullité des sociétés à responsabilité limitèe et des sociétés par actions en droit francais après la directive du 9 mars 1968», *Quo vadis uns societatum? Liber amicorum P. Sanders S.,* Gravenhaage, 1972, pp. 59 y ss.

GOLDMAN, B. y LYON-CAEN, A.
Derecho Comercial Europeo, Madrid, 1984.

GORÉ, F.
Droit des affaires des commerçants et l'entreprise commerciale, Ed. Montchrestien, París, 1973.
Droit des affaires. Structures juridiques de l'entreprise, Sociétés, groupements d'entreprises, Ed. Montchrestien, París, 1977.

GRAZIANI, A.
Manuale di diritto commerciale, Ed. Morano, Napoli, 1961, 6.ª ed.

GRAZIANI, A. y MINERVINI, G.
Manuale di diritto commerciale, Ed. Morano, Napoli, 1972.

GUYENOT, J.
Cours de droit commercial, Ed. Licet, París, 1968.

HALPERIN, I.
Curso de Derecho Comercial, Ed. Depalma, Buenos Aires, 1972, 3.ª ed., vol. I.

HEMARD, J.
Théorie et pratiques des nullités et des sociétés de fait, Ed. Sirey, París, 1926, 2.ª ed.

HERMARD, TERRE, MABILAT
«La douzieme reforme du droit de sociétés commerciales», *Rev. soc.,* 1970, pp. 223 y ss.

HOUÍN, R.
«Chroniques de législation et des jurisprudence francaises-Sociétés per actions», *Revue trim. droit. comm.,* 1969, pp. 999 y ss.

HOUIN, R. y RODIERE, R.
Droit commercial, Ed. Sirey, París, 1978, 6.ª ed., T. I.

HUBRECHT, G.
Notions essentielles de droit commercial, Ed. Sirey, París, 1972, 4.ª ed.

JAUFFRET, A.
Manuel de droit commercial, Ed. Librairie génêrale de droit et de jurisprudence, París, 1970, 3.ª ed.

JUGLART, M. y IPPOLITO, B.
Cours de Droit Commercial, Ed. Montchrestien, París, 1968, 3.ª ed., vol. II.
Traité de droit commercial, Ed. Montchrestien, París, 1980, 3.ª ed. per Pontairce, E. y Dupichot, J., vol. II.

JULLIOT, L.-RODIERE, R.-HOUIN, R.
Droit commercial, Ed. Dalloz, París, 1962, 2.ª ed., T. I.

KOVARIK, J.
«La premiere directive du Conseil des communautés européennes et son aplication dans le droit allemand», *Rev. soc.,* 1970, pp. 629 y ss.

LACOUR, L.-BOUTERON, J.
Précis de droit commercial, Ed. Dalloz, París, 1925, 3.ª ed., T. I.

LANGLE, E.
«La compañía mercantil irregular», *RDM,* 1950, I, pp. 7 y ss.

LANZA, A.
«Effetti sull'ordinamento interno dell'opera prima comunitaria in tema di società», *Riv. soc.,* 1970, pp. 794 y ss.

LASERRA, G.
«Nullitá della società e nullità dell'atto costitutivo», *Dir. Giur.,* 1973, pp. 659 y ss.

LE GALL, J. P.
Droit commercial, Ed. Dalloz, París, 1969, 2.ª ed.

LEMEUNIER, F.
Principes et pratiques du droit commercial, Ed. J. Delmas et Cie, París, 1966.

LYON-CAEN, Ch. y RENAULT, L.
Traité de droit commercial, Ed. Librairie générale de droit et de jurisprudence, París, 1909, 4.ª ed., T. II.
Manuel de droit commercial, Ed. Libraire Cotillon, París, 1896, 4.ª ed.

MACCARONE, S.
«Nullitá, amministrazione e pubblicitá nel sistema delle nuove norme sulle societá di capitali», *BBTC,* 1971, pp. 104 y ss.

MACRI, C.
«Contratto e persona giuridica nella società di capitali nulla», *RDCiv.,* 1984, I, pp. 21 y ss.

MANTILLA MOLINA, R. L.
Derecho Mercantil, Ed. Porrúa, S.A., México, 1959, 4.ª ed.

MARMO, L. G.
«I poteri del tribunale in sede di omologazione degli atti delle società commerciali», *RDC,* 1974, I, 143.

MARTÍ DE EIXALA, R.
Instituciones del Derecho Mercantil de España, 7.ª ed., Madrid, 1875, puesta al día por M. Durán y Bas.

MARTÍNEZ CORTÉS, J.
«La constitución de la sociedad anónima», en *El Nuevo Derecho de las Sociedades de Capital,* Ed. Trívium, Cap. III, pp. 61 y ss.

MARTÍNEZ SANZ, F.
«La nulidad de la fusión en la Ley de sociedades anónimas», *RDM,* 1990, n.º 195, pp. 65 y ss.

MASSAGUER FUENTES, J.
«El capital nominal. Un estudio del capital de la sociedad anónima como mención estatutaria», *RGD,* n.º 550 y 51, pp. 5547 y ss.

MENÉNDEZ MENÉNDEZ, A.
«Sociedad anónima e inscripción en el Registro Mercantil«, *AAMN,* 1991, T. XXX, vol. 1, pp. 7 y ss.

MERIDDA, M.
«Sulla cause di nullità delle società di capitali», *Giur. com.,* 1975, I, 773.

MILONE, L.
«La revoca dell'omologazione dell'atto costitutivo di società», *RDF,* 1985, I, 223.

MINERVINI, G.
«Primi approcci con una "miniriforma", una nuova disciplina della publicità per la società di capitali», *Riv. soc.,* 1970, pp. 512 y ss.

MOSSA, L.
Trattato del nuovo diritto commerciale, Ed. CEDAM, Padova, 1967, T. IV.

NICCOLINI, G.
Il capitale sociale minimo, Quaderni di giurisprudenza commerciale, Ed. Giuffrè, Milano, n.º 36.

OLAVARRÍA, J.
Manual de Derecho Comercial, Barcelona, 1970, 3.ª ed.

OPPO, G.
«Forma e pubblicità nelle società di capitali», *RDCiv.,* 1966, I, 109.

QUIJANO GONZÁLEZ, J.
«Responsabilidades derivadas del proceso fundacional», en *Derecho de sociedades anónimas, I, Fundación,* Ed. Civitas, Madrid, 1990, pp. 413 y ss.

QUINTANA CARLO, I.
«El capital social», en *Reforma de la Ley de sociedades anónimas,* Ed. Civitas, Madrid, 1987, pp. 105 y ss.

RACUGNO, G.
«La iscrizione della societá per azioni nel Registro delle imprese e le conseguenze della marcata iscrizione», *Dir. Guir.,* 1968, pp. 678 y ss.

RAMONDELLI, G.
«In tema di nullità della società: l'art. 2505 C.c. ed i requisiti di validità dell'atto istitutivo (In particolare: forma dell'atto costitutivo e deposito dei tre decimi)», *Temi romana,* 1982, pp. 60 y ss.

RIPERT, G.
Traité élémentaire de droit commercial, Ed. Librairie générale de droit et de jurisprudence, París, 1968, 6.ª ed. por René Roblot.

RIVES, G.
«Le sort des sociétés de fait depuis la reforme des sociétés commerciales», *Rev. trim. droit. comm.,* 1969, pp. 407 y ss.

ROBLES ALVAREZ DE SOTOMAYOR, A.
«La nulidad de sociedades mercantiles en el derecho español», *RDM,* 1949, n.º 20, pp. 161 y ss.

RODIERE, R. y HOUIN, R.
Droit commercial, Ed. Dalloz, París, 1970, 6.ª ed., T. I.

RODRÍGUEZ ADRADOS, A.
«Constitución y nulidad de la sociedad anónima», *AAMN,* 1991, T. XXX, vol. 1, pp. 106 y ss.

RODRÍGUEZ ALTUNAGA, R.
Derecho Mercantil, Madrid, 1917.

RODRÍGUEZ ARTIGAS, F.
«Determinación estatutaria del objeto social», en *Derecho de sociedades anónimas, I, Fundación,* Ed. Civitas, Madrid, 1991, pp. 165 y ss.

RODRÍGUEZ MARTÍNEZ, J. D.
«La sociedad en proceso de fundación y la sociedad irregular», en *La Reforma del Derecho español de sociedades de capital* (Colegios Nacional de Registradores de la Propiedad y Mercantiles de España y Notarial de Madrid, en colaboración con la Facultad de Derecho de la Universidad Complutense de Madrid), Madrid, 1987, pp. 200 y ss.

RODRÍGUEZ RODRÍGUEZ, J.
Curso de Derecho Mercantil, Ed. Porrúa, S.A., México, 1971, 9.ª ed., T. I.

ROJO, A.-BELTRÁN, E.
«El capital social mínimo. Consideraciones de política y técnica legislativa», *RDM,* 1988, pp. 149 y ss.

ROMANO-PAVONI, G.
«Questioni in tema di costituzione di società di capitali», *RDC,* 1951, II, 261.

RUBIO, J.
Curso de derecho de sociedades anónimas, Ed. de Derecho Financiero, Madrid, 1974, 3.ª ed.

SACRISTÁN REPRESA, M.
«Concepto y número de mínimo de fundadores. Sociedad unipersonal», en *Derecho de sociedades anónimas, I, Fundación,* Ed. Civitas, Madrid, 1991, pp. 460 y ss.

SÁEZ GARCÍA DE ALBIZU, J. C.
El objeto social en la sociedad anónima, Ed. Civitas, Madrid, 1990.

SALANDRA, V.
«La nullitá della società secondo il nuovo codice», *RDC,* 1946, I, p. 13.
Manuale di diritto commerciale, Ed. D. Cesare Zuffi, Bologna, 1949, 3.ª ed., vol. I.

SÁNCHEZ CALERO, F.
«La sociedad nula», en *Derecho de sociedades anónimas, I, Fundación,* Ed. Civitas, Madrid, 1991, pp. 1009 y ss.

SEQUEIRA MARTÍN, A.
«La fundación de una sociedad anónima mediante fusión por creación de una nueva sociedad», en *Derecho de sociedades anónimas, I, Fundación,* Ed. Civitas, Madrid, 1991, pp. 913 y ss.

SIMONETTO, E.
«Modifica-lampo delle norme sulle società con decreto del Presidente della Republica», *RDCiv.,* 1970, II, 61.
«Ritocchi alla normativa delle società contenuti nel decreto presidenziale de 29-12-1969, n.º 1127», *RDCiv.,* 1970, II, 148.
«La nuova stesura dell'art. 2332 e la societá di capitali irregolare», *RDCiv.,* 1974, II, 337.
«Questioni in materia di nullitá nascenti dalla nuova normativa in materia societaria», *RDF,* 1970, I, pp. 197 y ss.

SIMONT, L.
«La loi du 6 mars 1972 modifiant la legislation relative aux societés commerciales», *Rev. prat. soc.,* 1974, pp. 1 y ss.

SINAY, R.
«La proposition de directive européenne en matiére de sociétés commerciales et le projet du loi français. Nullités de sociétés et contrôle preventif», *Gazette du Palais,* 1965, I, doct., pp. 38 y ss.

THALLER, E.
Traité élémentaire de droit commercial, Ed. Rousseau et Cia,

París, 1916, 5.ª ed.

TYAN, E.
Droit Commercial, Ed. Librairies Antoine, 1968, T. I.

URÍA, R.
Derecho Mercantil, Ed. Marcial Pons, Madrid, 1989, 14.ª ed.

VALERI, G.
Manuale di diritto commerciale, Ed. Casa editrice Dott Carlo Cya, Firenze, 1950, I.

VAN OMMESLAGHE, P.
«La premiére directive du Conseil du 9 mars 1968 en matière de sociétés», *Cahiers de Droit Européen,* 1969, pp. 495 y ss. y 619 y ss.

VERRUCOLI, P.
«La nullité de l'acte constitutif de la société par actions en Italie», *Annuario di diritto comparato e studi legislativi,* 1964, XXXVIII, pp. 5 y ss.

VICENT CHULIÁ, F.
Compendio crítico de derecho mercantil, Ed. Bosch, Barcelona, 3.ª ed., 1991.
«Massa o 'Masitur, S.A.': esta es la cuestión. Comentario a la Resolución de la Dirección General de los Registros y del Notariado de 21 de junio de 1990», *RGD,* n.º 550 y 51, 1990, pp. 5641 y ss.

VICENTE Y GELLA, A.
Curso de Derecho Mercantil Comparado, Zaragoza, 1960, 4.ª ed.

VIDARI, E.
Corso di diritto commerciale, Ed. Ulrico Hoepli, Milano, 1881, vol. II.

WAHL, A.-AMIN, K.
Traité théorique et practique de droit commercial egyptien, Ed. Librairie judiciaire, Alexandrie, 1933, T. I.

XUAN-CHANH, N.
«La nullité des sociétès commerciales dans la loi du 24 juillet 1966», *Recueil Dalloz-Sirey,* 1968, Chronique IV, pp. 27 y ss.